Beate Hofmann

Und jetzt ich! – Kraft und Sinn in der Lebensmitte

Patmos Verlag

VERLAGSGRUPPE PATMOS
PATMOS
ESCHBACH
GRÜNEWALD
THORBECKE
SCHWABEN
VER SACRUM

Die Verlagsgruppe
mit Sinn für das Leben

Die Verlagsgruppe Patmos ist sich ihrer Verantwortung gegenüber unserer Umwelt bewusst. Wir folgen dem Prinzip der Nachhaltigkeit und streben den Einklang von wirtschaftlicher Entwicklung, sozialer Sicherheit und Erhaltung unserer natürlichen Lebensgrundlagen an. Näheres zur Nachhaltigkeitsstrategie der Verlagsgruppe Patmos auf unserer Website www.verlagsgruppe-patmos.de/nachhaltig-gut-leben

Bibliografische Information der Deutschen Nationalbibliothek
Die Deutsche Nationalbibliothek verzeichnet diese Publikation in der Deutschen Nationalbibliografie; detaillierte bibliografische Daten sind im Internet über http://dnb.d-nb.de abrufbar.

1. Auflage 2022
Alle Rechte vorbehalten
© 2021 Patmos Verlag
Verlagsgruppe Patmos in der Schwabenverlag AG, Ostfildern
www.verlagsgruppe-patmos.de

Umschlaggestaltung: Finken & Bumiller, Stuttgart
Gestaltung, Satz und Repro: Schwabenverlag AG, Ostfildern
Umschlagfoto: Markus Weinberg, © Privat
Fotos Innenteil: © Hofmann_privat
Druck: Finidr s. r. o., Český Těšín
Hergestellt in Tschechien
ISBN 978-3-8436-1386-6 (Print)

Inhalt

Leben mit leuchtenden Augen 9

Kapitel 1
Unseren Träumen auf die Spur kommen 11
Es ist nicht zu spät 13
Wenn wir den eigenen Weg suchen 14
Wendepunkte erleben 16
Auf dich kommt es an 18
Was ist dein Traum? 19
Aufwind im Leben suchen 21
Wagnisse eingehen 22
Wenn Krisen zu Chancen werden 23
Bevor ich sterbe, werde ich … 25
Verschwende nicht die Zeit 26
Was das Leben wertvoll macht 27

Kapitel 2
Selbsterkenntnis: Ich bin noch so viel mehr 35
Unterwegs zu mir selbst 37
Vom Wert der Familiengeschichte 39
Die eigene Geschichte entdecken 41
Angekommen in der Gegenwart 44
Die Rollen hinterfragen 45
Selbst gesteuert oder auf Autopilot? 46
Nichts mehr bedauern müssen 50
Begib dich auf die innere Reise 54

Kapitel 3
Befreiung: Ganz anders kann ich leben 57
Du darfst Vertrauen haben 58
Wage es zu träumen 61
Inseln der Ruhe im Meer des Alltags aufsuchen 64
Achtsamer atmen – bewusster leben 65
Der rote Faden 68
Den Möglichkeitssinn entwickeln 71
Vom Mut, wesentlich zu werden 72

Kapitel 4
Widerstand: Eigentlich würde ich, aber … 77
Blockaden und Störmanöver erkennen 79
Nichts müssen, alles wollen 81
Rein in die Wachstumszone 82
Die Angst vor der Angst überwinden 84
Bremsen in unserem Kopf 85
Einfach selbst für sich sorgen 87

Kapitel 5
Dranbleiben: Es geht weiter, wenn du weitergehst 93
Eine Reise in die Mitte 95
Die Magie des Labyrinthes erleben 97
Sich dem Weg anvertrauen 98
Es geht, wenn du weitergehst 101
Die Suche nach dem Elixier 104
Das Herz kennt den Weg 107
Training für dein »Dream-Team« 108
Klarheit durch ein verblüffend einfaches Modell 110

Kapitel 6
Verbundenheit: Vom Glück, nicht allein unterwegs zu sein 115
Keiner lebt für sich allein 117
Ein einziger Mensch genügt 119
Zuflucht im Sturm 121
Ermutigung macht mutig 123
Resonanz erfahren 124
Lagerfeuerorte schaffen 125
Wie wir Brücken bauen können 128

Kapitel 7
Ausrichten: Was ist eigentlich der Sinn meines Lebens? 133
Die Kraft des WOFÜR 135
Wo geht's denn hier bitte zum Sinn? 137
Elixier des guten Lebens 139
Sinnerfüllter arbeiten, aber wie? 140
Die richtigen Fragen stellen 142
Aufwachen zu neuer Lebendigkeit 144
Hoffend leben 147

Epilog – Aufbruch 151

Danke 157

Über die Autorin 159

Leben mit leuchtenden Augen

»Die Normalität ist eine gepflasterte Straße; man kann gut darauf gehen – doch es wachsen keine Blumen auf ihr.«
Vincent van Gogh

Wachsen noch Blumen auf deinem Lebensweg? Lebst du das Leben, das du wirklich, wirklich leben willst? Fühlt es sich stimmig an auf der Schnellstraße in der Rushhour deines Lebens oder sehnst du dich nach einem anderen Weg? Einem, auf dem du Neues entdecken kannst, der unverhoffte Steigungen oder Kurven, aber auch grandiose Ausblicke und Blumen am Wegrand bereithält?

Jenseits der vierzig weißt du, was du kannst, und kennst auch deine Schwächen. Du hast manches ausprobiert, hattest Erfolg, bist aber noch nicht endgültig angekommen. Dein Leben »funktioniert«, die Richtung ist klar, aber: Da ist diese Sehnsucht in dir, endlich umzusetzen, was noch in dir brennt. Vielleicht willst du teilhaben an einer größeren Sache, bedeutsam werden für andere oder du hast das Gefühl, dass es ein Potenzial, eine Berufung oder Fähigkeit in dir gibt, die du noch nicht wirklich gelebt und ausgeschöpft hast.

Vielleicht kannst du diese ungelebten Träume und Hoffnungen nicht einmal konkret formulieren, doch du weißt: Wenn du noch etwas verändern und beginnen willst, dann ist jetzt die Zeit dafür gekommen, in der gefühlten Mitte deines Lebens.

Das Pflichtprogramm ist durch. Jetzt kommt die Kür.

Nur wie geht das? Womit beginnen, was ist der erste Schritt und wann ist der beste Zeitpunkt dafür? Als Coach und Seelsorgerin bin ich oft hautnah dabei, wenn Menschen Krisen erleben, suchend werden, ihrer Sehnsucht auf die Spur kommen und daraufhin ihre Kräfte neu ausrichten. Und ich weiß, es braucht zahlreiche Impulse und Fragen, die dazu führen, dass wir unsere Persönlichkeit weiterentwickeln, unsere Essenz erkennen und Entscheidungskraft zurückgewinnen.

Bist du bereit zu einer gemeinsamen Reise in deine Sehnsucht? Lass uns darauf schauen: Welche unerfüllten Träume schlummern in dir? Wo kommen sie her? Was ist es, das du gerne noch verwirklichen willst – und wie können konkrete Schritte dahin aussehen? Was sind Hindernisse, die dich abhalten, und wie kannst du sie umgehen? Woher weißt du überhaupt, was du wirklich zutiefst brauchst? Auf welche Potenziale und Fähigkeiten kannst du zurückgreifen? Was hat dich auf deinem bisherigen Lebensweg geprägt? Was lernst du daraus, und wie willst du das für deine Zukunft nutzen?

Wichtig ist zu Beginn lediglich eines: dass du dich aktiv entscheidest, den nächsten Schritt hin zu einem Leben zu wagen, das du wirklich leben willst.

Ich bin davon überzeugt: Wir schulden diesem einzigartigen Leben das Leuchten in unseren Augen. Und mit diesem Buch wirst du neue Strahlkraft gewinnen.

Ich freue mich, dich dabei zu begleiten!

Beate Hofmann

Kapitel 1
Unseren Träumen auf die Spur kommen

»Die Zukunft ist nicht irgendetwas Feststehendes, worauf wir uns hinbewegen, sondern wir gestalten sie täglich durch unser Handeln mit. Und dieses Handeln hat eine doppelte Wirkung: es wandelt uns und unsere Zukunft.«

»Ich habe Flügel!« Mit diesen Worten macht Anna sich Mut, etwas zu wagen, was ihr niemand zutraut, nicht einmal ihre Schwester und schon gar nicht ihr eigener Mann. Zu diesem Zeitpunkt ist sie vierzig, angesehen, gut situiert, etabliert in der Gesellschaft. Sie ist Ehefrau, Familienmanagerin, Dame des Hauses.

Und doch ist da dieser Traum, der sie nicht loslässt: Anna will eine eigene Modezeitschrift herausgeben. Sie hat eine Vision: den Frauen ihre Schönheit und Ausstrahlung zurückzugeben. Ihr Modemagazin soll Frauen in dieser tristen Zeit der Nachkriegsjahre wieder Farbe und Freude ins Leben bringen – und zwar durch pfiffige Schnittmuster für Kleider, Röcke und Mäntel, mit denen sie sich moderne Kleidung nähen können, ohne dafür viel Geld ausgeben zu müssen. Dafür brennt Anna. Es ist ihr innerer Antrieb, der ihr sprichwörtlich Flügel verleiht.

Die Umstände sprechen eigentlich dagegen: Zu dieser Zeit haben die Menschen genug damit zu tun, ihr Überleben zu sichern und die zerstörten Häuser und Fabriken wieder aufzubauen. Wer braucht da ausgerechnet eine Modezeitschrift? Hinzu kommt, dass ihr Gatte dagegen ist und ihr Steine in den Weg legt. Weil Frauen aber damals noch die Zustimmung ihres Mannes brauchten, wenn sie arbeiten gehen wollten, droht Annas Traum schon hier zu scheitern.

Doch sie lässt sich nicht davon abbringen. Zutiefst enttäuscht davon, dass ihr Mann eine Affäre hat, merkt Anna: Das Glück bleibt nicht von allein bei mir. Ich muss etwas dafür tun. Sie entscheidet sich, ihr Leben aus eigener Kraft und unabhängig von ihm neu auszurichten. Aus Anna wird Aenne, die sich von nun an nicht mehr aufhalten lässt. Ihrem Mann droht sie in ihrer resoluten Art mit Scheidung, und so willigt er schließlich ein, ihr einen heruntergewirtschafteten Zeitschriftenverlag zu übertragen. Aenne übernimmt diesen mit hohen Schulden, setzt alles auf eine Karte und legt los. Die Zeitschrift *Burda Moden* wird ein voller Erfolg. Zwanzig Jahre nach Verlagsübernahme verkauft Aenne Burda von jeder Ausgabe des Modemagazins weltweit 1,5 Millionen Exemplare und wird damit eine der erfolgreichsten Verlegerinnen der Nachkriegszeit.

Ihr Traum hat Aenne tatsächlich Flügel verliehen und ihre Geschichte inspiriert bis heute Frauen dazu, sich selbst und den eigenen Fähigkeiten zu vertrauen.

Es ist nicht zu spät

Die Lebensmitte ist eine Phase, in der bei den meisten von uns Fragen aufkommen. Langsam aber sicher wird einem klar, dass auch die eigene Lebenszeit begrenzt ist und wir nicht unendlich Zeit haben. Plötzlich werden Stimmen laut: »Ich wollte doch immer noch …« Und mit diesen Gedanken kommt die leise Ahnung: Wenn ich noch einmal etwas ändern möchte, dann jetzt! Das Gute ist: Die Phase der Lebensmitte bietet so viele Freiräume, wie es sie nie wieder gibt im Leben. Wir sind beruflich schon einen guten Weg gegangen und müssen nicht mehr all unsere Zeit und Kraft investieren, um uns zu etablieren. Häufig geht damit eine gewisse finanzielle Sicherheit einher. Auch privat ist es eine Zeit mit vielen neuen Möglichkeiten: Die Kinder sind größer, vielleicht schon aus dem Haus, und Freiräume kommen zurück, wie wir sie lange nicht mehr hatten. Die eigenen Eltern sind in der Regel noch für sich selbst zuständig und erfordern keine Pflege oder zeitintensive Betreuung. Und im Gegensatz zu der Zeit mit Anfang zwanzig haben wir inzwischen genug Lebenserfahrung, um zu wissen, wie das Leben funktioniert.

Die besten Voraussetzungen, um noch mal richtig durchzustarten, oder? Es ist möglich, dass du beim Lesen dieses Buches merkst, dass es reicht, wenn du an ein paar Stellschrauben in deinem Leben drehst, um zu deiner inneren Mitte zu gelangen. Es kann aber auch sein, dass du feststellst: Ich muss noch einmal einen echten Neustart hinlegen. Sonst bleibt mein Leben schal wie ein abgestandenes Bier oder mein Traum für immer ungelebt. Ich bin überzeugt: Ein wirklich erfülltes Leben ist möglich. Ein Leben, das uns leuchten lässt. Eines, bei dem wir Sinn und Freude erleben, uns am richtigen Platz fühlen, anderen offen und aufrecht begegnen und eine Ahnung davon bekommen, dass wir ein wichtiger Teil von etwas Größerem sind. Nach diesem Leben möchte ich mich mit dir auf die Suche machen.

Wenn wir den eigenen Weg suchen

Häufig kommen Menschen zu mir, die suchend oder unzufrieden mit ihrer gegenwärtigen Situation sind, ob privat oder beruflich. Und meistens ist ihnen entgangen, dass sie sich selbst über längere Zeit in eine Sackgasse manövriert haben. Erst wenn jemand von außen tiefer bohrt und fragt: »Was raubt dir in deinem Alltag immer wieder die Kraft? Welche Rollen füllst du in deinem Leben aus, und wie bringst du die unterschiedlichen Anforderungen unter ein Dach? Was für ein Vater, welche Mutter willst du deinen Kindern sein, sofern du welche hast? Für wen übernimmst du Mit-Verantwortung? Worin siehst du deine ganz eigene Berufung? Wieso sollte sich dein Partner heute gerade für dich entscheiden?«, dann sind sie bereit, die Augen zu öffnen. Und es gelingt, dass sie ihr System so betrachten, wie es tatsächlich ist, statt zu hoffen, dass es sich irgendwann auf wundersame Weise von selbst ändert.
Versteh mich nicht falsch, ich habe nichts dagegen, auf Wunder zu hoffen. Wunder geschehen. Viele von uns haben das schon

erlebt. Zum Glück gibt es tatsächlich mehr zwischen Himmel und Erde, als wir mit unserem Sinn und Verstand erfassen können. Doch das eignet sich nicht als Masterplan. Es ersetzt nicht das eigene Handeln. Wir dürfen uns trauen, unser Leben zu bewältigen, auch wenn es schwierig wird. Denn wir sind in der Regel sehr gut dafür ausgestattet, ein Leben mit Krisen, mit Höhen und Tiefen zu bestehen. Auch wenn wir nicht mehr die Energie von Zwanzigjährigen haben, wir können das locker mit Wissen und Lebenserfahrung ausgleichen, denn wir haben schon etliche Krisen bewältigt.

Gerade in schweren Zeiten lernen wir häufig am meisten über uns selbst.

Ich verstehe Schwierigkeiten als Stolpersteine, die mir helfen, die Füße zu heben, aufmerksamer unterwegs zu sein und auf meine Balance zu achten. Siehst du das ähnlich oder fällst du in den Anklage- oder Jammermodus, sobald es schwierig wird? Mit vierzig oder fünfzig Lebensjahren haben wir jede Menge Erfahrung im Umgang mit Hindernissen gesammelt. Und jetzt müssen wir uns der Aufgabe stellen, eine Inventur, eine Bestandsaufnahme in unserem Leben zu machen: Bin ich noch auf dem Weg, der mich ans Ziel bringt, oder ist das eine Sackgasse, in der ich mich befinde? Und wenn ja, wie gehe ich damit um? In Kanada hatte ich vor Jahren ein Aha-Erlebnis. Von einer Wanderung kommend waren mein Mann und ich einer schmalen, unbefestigten Straße gefolgt, die an einem See entlang zurück in Richtung des Zeltplatzes führte, den wir erreichen wollten. Der Blick, den man unterwegs auf den See hatte, war wunderschön. Wir kamen zügig voran und freuten uns schon auf das warme Essen, das wir uns zubereiten wollten. Doch ein gutes Stück, bevor wir den Campingplatz erreichten, endete der Weg plötzlich in einem Platz, der es größeren Fahrzeugen

ermöglichte, zu wenden. Dahinter kam nur noch dichter Wald mit so viel Unterholz, dass es zwecklos war, sich einen Weg hindurch zu suchen. Ich war sauer, aber es half alles nichts. Wir kehrten um und liefen den gesamten Weg zurück. Und schließlich, am Anfang der Straße, sah ich es: das große grüne Verkehrszeichen, das die Sackgasse angekündigt hatte. »Dead End« stand in großen Buchstaben darauf. Mein Fehler! Ich hatte es einfach übersehen! Als ich kurz durchschnaufte und dabei das Schild betrachtete, stutzte ich. In Deutschland sind Sackgassen so ausgeschildert, dass eine weiße Straße auf blauem Grund in einer roten Barriere endet. Botschaft: »Hier ist Schluss. Dumm gelaufen, du steckst fest!«
Das kanadische Zeichen für Sackgasse dagegen hat eine andere Botschaft. Auf dem Schild ist ein Pfeil zu sehen, der geradeaus führt, dann einen Kreis bildet und wieder zum Ausgangspunkt zurückführt. Botschaft: »Kehr einfach um – und dann versuchst du es einfach auf eine andere Weise.« Also nicht Endstation, sondern: Geh einen anderen Weg.

Wendepunkte erleben

Länderübergreifende Studien zeigen, dass sehr viele Menschen, egal ob in Island oder Indonesien, in der Mitte ihres Lebens, zwischen vierzig und fünfundfünfzig, in eine Sackgasse geraten. Für viele ist es eine Phase der Ent-Täuschung oder Desillusionierung, in der man sich von unerfüllten Träumen verabschiedet oder aus unglücklichen Beziehungen löst. Das kann ziemlich schmerzhaft sein, und es ist erstaunlich, wie viele Menschen im selben Lebensabschnitt von diesen Themen betroffen sind. Selbst wenn es in dieser Zeit zu keinen starken Brüchen kommt, fallen viele in ein Loch, und sie fragen sich, ob das schon alles war. Mitten in der Lebensmitte stecken diese Menschen in einer Talsohle fest. Unzufriedenheit macht sich breit, das Gefühl, am Eigentlichen vorbeizuleben. Viele quälen sich dann noch eine Weile weiter, weil sie nicht wissen, wonach genau sie eigentlich Ausschau halten, weil sie schon zu lange auf diesen Pfaden unterwegs sind, um noch einmal alles infrage zu stellen, und sie schieben einen Richtungswechsel in ihrem Leben hinaus. Häufig ist dann der Anlass, wirklich etwas zu verändern, eine äußere Krise. So wie bei Aenne Burda.

Bei ihr war es die Affäre des Mannes. Es gibt unzählige Varianten dieser Krise in den mittleren Jahren: sei es, dass die berufliche Hochleistung nicht zum erwarteten Karrieresprung führt, sondern nur zum Zwist mit weniger eifrigen Kolleginnen; da flattert die Aufforderung zur Mammografie in den Briefkasten, und der Befund macht deutlich, dass man doch nicht so unverwundbar ist, wie gedacht; die Kinder sind gerade erst aus dem Haus, und da fordern die eigenen Eltern auf einmal wieder Unterstützung; andere empfinden ihre Beziehung zunehmend als leer, weil jeder schon viel zu lange alles mit sich selbst ausmacht, und plötzlich spricht der Partner das Thema Trennung an; das Unternehmen wird umstrukturiert und die erarbeiteten Privilegien sind Schnee von gestern.

Je mehr wir erkennen, dass das Glück nicht automatisch bei uns bleibt, dass unser Leben begrenzt ist und unsere Tage – vielleicht schon sehr viel früher als gedacht – gezählt sind, desto mehr wird die Frage in uns laut, wofür wir eigentlich auf dieser Welt sind. Dann bricht die Sehnsucht auf zu fragen: Was will ich eigentlich noch erreichen? Was erwarte ich von den restlichen Jahren, von der zweiten Hälfte oder dem letzten Drittel meines Lebens? Wie will ich meine Arbeit, meine Partnerschaft, meine Freundschaften und Beziehungen leben? Habe ich überhaupt noch die Möglichkeit, eingefahrene Bahnen zu verlassen, und wenn ja, welche? Was trägt mich, wenn ich mich nicht allein auf meine Kräfte verlassen kann? Gibt es zwischen Himmel und Erde mehr als das, was ich mir vorstelle – und welche Bedeutung habe ich selbst in diesem großen Gefüge?

Ich weiß nicht, in welcher Situation du gerade steckst. Ob es dieses Gefühl der Leere ist, das dich zu diesem Buch hat greifen lassen; ob du eine Krise durchmachst oder nach neuen Perspektiven suchst und dich fragst, wie du dein Leben jetzt ausrichten kannst. Wichtig ist: Wenn du bereit bist, die Möglichkeiten zu erkennen, die dir diese Phase der Lebensmitte bietet, dann ist das jetzt deine Chance für einen Neustart.

Wie ich es in Kanada erlebt habe: Sackgassen können zum Ausgangspunkt für einen neuen Lebensweg werden. Einer, der dich in die Weite und in ein erfülltes Leben führt. Genau dabei möchte ich dich unterstützen.

Deshalb fordere ich dich heraus, dich deinen Fragen zu stellen. Egal, wie anstrengend das auch sein mag. Egal, wie unmöglich es scheint, Antworten zu finden – ist es übrigens gar nicht, wie du merken wirst. Nur wenn du dranbleibst und aufbrichst, hast du die Chance, ein Leben zu leben, von dem du sagst, dass es das Leben ist, das du wirklich, wirklich leben möchtest.

Auf dich kommt es an

Ganz zu Beginn der Reise möchte ich dir eine wichtige Botschaft mitgeben: Es kommt auf dich an!

Wenn Menschen zu mir in die Beratung kommen, die sich nach einem gelingenden Leben sehnen, dann zählen sie meistens auf, was es ist, was sie alles stört: der Partner, der so unspontan und festgelegt in seiner Sichtweise ist; der Job, der so wenig Entwicklungsmöglichkeiten bietet; das Ehrenamt, das viel weniger Freude bringt, als es zunächst versprochen hatte ... Es scheint, als ließen die Umstände einfach nicht zu, dass wir unser Potenzial entfalten können. Was vielen dabei überhaupt nicht bewusst ist: Wir sind es selbst, die sich mit ihren Entscheidungen in eine Sackgasse bringen. Nur wir selbst entscheiden, welchen Beruf wir ausüben, wie sehr wir uns um eine Beziehung bemühen und wo wir uns ehrenamtlich engagieren. In solchen gefühlten Sackgassen-Momenten ist es hilfreich, das eigene Leben von außen zu betrachten, um zu sehen, was unsere Beteiligung oder Rolle in dem Ganzen ist – denn das ist das Einzige, was wir wirklich in der Hand haben und ändern können.

Die gute Nachricht lautet: Wenn es unsere eigenen Entscheidungen waren, die uns in dieses Leben gebracht haben, dann können wir uns auch entscheiden, etwas daran zu ändern.

Wir können vielleicht nicht unser ganzes Leben ändern, aber in jedem Fall können wir unserem Leben eine neue Richtung geben.

Und das ist es, was Psychologen als Selbstwirksamkeit beschreiben. Ein äußerst wichtiger Faktor übrigens, der wesentlich zur Ausbildung seelischer Widerstandsfähigkeit beiträgt.

Was ist dein Traum?

Zu Beginn gilt es herauszufinden: Was will ich eigentlich? Was ist *mein* Traum? Wo will ich hin? Welche Wünsche habe ich (noch)? Denn nur, wenn uns etwas wirklich entspricht, ist es ein echter Wegweiser auf dem Weg in ein erfülltes Leben. Und nur dann besitzen wir auch die Kraft, es wirklich umzusetzen.

Weil man bei Geschichten wie der von Aenne Burda vor allem den riesigen Erfolg vor Augen hat, übersieht man leicht, wie viele Schwierigkeiten und Durststrecken solche Menschen überstehen mussten. Auch Aenne: Nächte, in denen sie sich schlaflos fragte, ob der kleine Verlag es finanziell schaffen könnte; harte Entscheidungen, die sie fällen musste, um das Unternehmen neu auszurichten; der ständige Kampf gegen das, was die Menschen in ihrem Umfeld zu ihrem Vorhaben sagten. So toll das ist, was Aenne erreicht hat – leicht war es nicht. Ich selbst weiß nur zu gut, wie schwierig es sein kann, in der Lebensmitte noch mal neu zu starten. Mit Ende dreißig wechselte ich das Berufsfeld und übernahm deutlich mehr Verantwortung, mit Ende vierzig entschied ich mich für ein Familien-Auszeitjahr in der kanadischen Wildnis und schrieb in dieser Zeit ein erstes

Buch. Als ich auf die Geschichte der mutigen Unternehmerin Aenne Burda stieß, war ich Mitte fünfzig und hatte gerade meine Anstellung als Hochschuldozentin gekündigt, um künftig selbstständig als Autorin und Coach zu arbeiten. Ich fühlte mich ein wenig so, als würde ich auf einer Klippe stehen, bereit, die Flügel auszubreiten, aber gleichzeitig voller Ungewissheit: Werden sie mich wirklich tragen? Ja, ich folgte einem lange gehegten Traum, doch der eingeschlagene Weg war definitiv kein leichter, denn der Zeitpunkt war schlecht gewählt. Keiner von uns ahnte, dass die Coronawelle bereits auf uns zurollte.

Als mich die Flut von Auftragsstornierungen im Frühjahr 2020 überrollte, fragte ich mich, wie ich diese und künftige Perioden überstehen würde, in denen ich keine oder zu wenig Aufträge hatte. War es eine Sackgasse, in die ich mich manövriert hatte? Heute sage ich rückblickend, dass jede Entscheidung gut war, denn sie hat mich in meinem Leben weitergebracht und meinen Horizont geweitet. Inzwischen kann ich meiner Vision, Menschen zu stärken, in meiner Anstellung als Seelsorgerin einer Uniklinik voll und ganz gerecht werden. Darüber hinaus kann ich ohne wirtschaftlichen Druck entscheiden, welche Vorhaben ich noch umsetzen will.

Was hat am Ende dazu geführt, dass ich diesen Weg eingeschlagen habe? Was hat mir geholfen, Durststrecken zu überstehen und den Platz zu finden, an dem ich am besten wirksam werden kann? Es war die Kraft der inneren Bilder und die klare Sicht auf meine Ressourcen. Vor allem aber war es das Wissen um die Werte, die mich leiten. Das ist nichts, was andere an mich herangetragen haben, nein, es waren wirklich *meine* Werte und *meine* Vision, denen ich gefolgt bin.

Deshalb muss am Anfang der Reise in ein erfülltes Leben immer die Frage stehen: Was ist wirklich wesentlich für dich? Wofür schlägt dein Herz? Was willst du unter keinen Umständen aufgeben und was brauchst du, um dir selbst treu zu bleiben?

Wenn ein Vorhaben wirklich deinen Werten entspricht, wirst du die Kraft und Entschlossenheit besitzen, es auch umzusetzen.

Ansonsten wirst du beim ersten Gegenwind die Segel streichen. Dann fehlt die Kraft, um Niederlagen oder Enttäuschungen zu überstehen. Wer sich auf den Weg macht, wer sein Leben wandeln will, der braucht einen klaren Fokus. Und genau hierbei wird dich dieses Buch unterstützen, indem es dir hilft, den Antworten auf diese Fragen auf die Spur zu kommen.

Wenn häufig von »Traum«, »Neustart« oder »Durchstarten« die Rede ist, dann lass dich nicht verunsichern. Es geht in diesem Buch nicht nur um große Visionen wie die von Aenne, sondern vor allem darum, dass du immer mehr zu der Person wirst, die du sein möchtest. Die äußeren Veränderungen folgen dann automatisch.

»Und jetzt ich« bedeutet, dir selbst darüber klar zu werden, was du für Begabungen hast, welche Erfahrungen dich ausmachen, worauf du stolz sein kannst und was du alles erlebt, bewältigt oder geleistet hast. Bevor du dich für andere oder anderes einsetzen kannst, ist es wichtig herauszufinden, was dir jetzt wesentlich ist und wie du leben möchtest – und dich dann neu auszurichten. Wie schon gesagt: Ob das bedeutet, dass du einen kompletten Neustart hinlegst oder vielleicht nur an ein paar Stellschrauben drehen musst, um das Leben zu führen, das du *wirklich* führen möchtest, wird sich dann zeigen.

Aufwind im Leben suchen

»Ich habe Flügel!« Was für ein kraftvoller Ausspruch. Ich habe mich unmittelbar gefragt, ob ich das auch von mir sagen könnte. Denn Flügel besitzen heißt, etwas zu haben, das trägt. Vielleicht nicht gleich hoch in den Himmel, aber doch zumindest über manche Klippen und Abgründe, die sich auftun, wenn man sich aus der Komfortzone hinauswagt.

»Ich habe Flügel!« – Woraus speist sich so eine Haltung? Können wir dafür etwas tun, oder ist es ein angeborener Optimismus, eine genetische Überdosis von Zuversicht? Ist das jedem von uns zugänglich? Worauf können wir trauen, wenn wir es wagen, bisherige Sicherheiten und damit den festen Grund unter den Füßen zu verlassen? Du wirst in diesem Buch Antworten finden, und du wirst in der Lage sein, deine eigene, tragende Haltung zu entwickeln.

Vielleicht plagt dich das mulmige Gefühl, wenn sich der Zweifel zur Vorfreude gesellt? »Lebe deinen Traum« – das sagt sich leicht. Doch hält es auch der Wirklichkeit stand? Ich bin davon überzeugt, dass wir kritisch hinschauen und fragen müssen. Es reicht nicht aus, vollmundig zu sagen: »Ich probiere jetzt mal was Neues aus.« Das ist wie ein Huhn auf dem Hühnerhof, das einen Adler majestätisch hoch oben am Himmel schweben sieht und gackert: »Das sollte ich auch mal machen!«

Wer so denkt, der gerät schnell in die berühmte »hätte, würde, könnte«-Falle. Falle nenne ich die Verwendung von Möglichkeitsverben deshalb, weil da ein Mensch von etwas spricht, das weder seinem wirklichen Wollen noch seinen Möglichkeiten entspricht. Es wird nur ein Wunschtraum bleiben. Auf lange Sicht kann eine solche Haltung sehr unglücklich machen, denn sie führt zu überhöhten Ansprüchen, die uns dem Traum nicht näher bringen. Es kommt darauf an zu träumen und dann aber auch zu überlegen, zu planen, abzuwägen und schließlich zu handeln.

Wagnisse eingehen

Es gibt Bücher und Listen mit dem Thema: »Das muss ein Mann oder eine Frau mit vierzig gemacht haben«. Du weißt schon: den Baum pflanzen, ein Kind ins Leben begleiten, mit dem Bulli durch Frankreich fahren, Mittsommer am Nordkap erleben, zum Senior Consultant aufsteigen oder den Jakobsweg laufen. Was, wenn das gar nicht dein Ding ist? Wenn du keine Kinder bekommen willst oder kannst, wenn du es sinnlos findest, um die Welt zu touren, weil es zu einem ökologischen Kollaps führt, wenn das jeder macht? Vielleicht hast du viel mehr Lust, in ein Tiny House zu ziehen oder ein Online-Business aufzubauen. Was genau beflügelt dich? Ohne echte Bestandsaufnahme von dem, was lockt, und dem, was du mitbringst an Fähigkeiten und Ressourcen, fehlt dir die Kraft, um Niederlagen oder Enttäuschungen zu überstehen. Wir brauchen einen forschenden Blick hinter unsere eigenen Kulissen.

Wer seine eigene Wirklichkeit wahrhaftig wahrnimmt, der wird die Kraft finden, seine Visionen in der Lebensmitte zu leben.

Davon bin ich überzeugt, und deshalb richten wir den Fokus jetzt darauf zu erkunden, was du mitbringst. Welche Blumen sollen noch auf deinem Lebensweg blühen? Was willst du unbedingt wagen? Kennst du deine Fähigkeiten und Begabungen, die Qualität deiner Beziehungen, deine persönlichen Werte und deine inneren Ressourcen? Stehen dir Quellen zur Verfügung, aus denen du schöpfen kannst, wenn du dich innerlich leer fühlst? Hast du die Sehnsucht, deiner ureigensten Berufung näher zu kommen, deine Bedeutung für diese Welt zu finden? Es sind große, vielleicht auch schwierige Fragen. Doch sie werden dich über deinen gegenwärtigen Horizont hinausführen. Bist du bereit, dich diesen Fragen zu stellen? Nicht nur zu gackern, sondern die Flügel auszubreiten?

Wenn Krisen zu Chancen werden

Überlege dir gut, was du willst. Wenn sich jemand in der Lebensmitte seinen Alltag gut eingerichtet hat und dieser sich vielleicht etwas gewöhnlich anfühlt, ist das kein Grund, plötzlich alles infrage zu stellen. Niemand ist gezwungen, alles Bisherige über den Haufen zu werfen. Die Normalität ist so schlecht nicht. Sie gleicht einer gut gepflasterten Straße, und darauf kann man prächtig ausschreiten.

Doch sie ist eben auch geradlinig, eintönig, berechenbar. Sehr leicht wird das Leben routiniert, vielleicht sogar langweilig. Wir leben praktisch auf die Rente hin, und wenn nicht auf die Rente, dann auf den nächsten Urlaub, den wir gerne schon ein Dreivierteljahr im Voraus buchen. Alles läuft irgendwie. Bei manchen stellt sich dann eine nagende Unruhe ein nach dem Motto: »Und jetzt? War das schon alles oder kommt da noch was?«

Mit Mitte dreißig hatte ich eine sehr schmerzhafte Erfahrung, die mich zwang, nicht nur einen, sondern gleich drei Gänge in meinem Lebenstempo zurückzuschalten. Ein plötzlich ausgelöstes Wirbelgleiten im Rücken katapultierte mich von einem Tag auf den anderen aus meinem durchorganisierten Leben heraus. Mein Mann musste Familie, Haushalt und Beruf zeitgleich jonglieren, während ich flach im Bett lag. Es blieb mir gar nichts anderes übrig als loszulassen. Und ich merkte halb erleichtert, halb frustriert, wie ersetzbar ich war, während mein Mann zur Höchstform auflief. Da wurde mir klar, dass mir diese ungewollte und schmerzhafte Auszeit Einsichten ermöglichte, die mir nutzten, auch als ich Wochen später wieder belastungsfähig war.

Ich hatte gelernt, stärker auf meinen Körper zu achten und Muskeln aufzubauen, von deren Existenz ich zuvor nichts ahnte. Ich begriff: Es ist keine Selbstverständlichkeit, unbeschwert zu leben. Ich habe nur eine begrenzte Zeit, die Dinge umzusetzen, die mir wesentlich sind. Es lohnt sich, genauer hinzuschauen, wofür ich täglich meine Lebenszeit, meine Energie und meine Fähigkeiten einsetze.

Damals habe ich verstanden, dass Krisen für viele Menschen eine Chance sein können, den Horizont deutlich zu weiten. Vielleicht kannst du das aus eigener Erfahrung bestätigen.

Bevor ich sterbe, werde ich ...

Zum Glück muss es nicht immer gleich eine schwere Krankheit, der Verlust der Arbeit, die Trennung vom Partner oder der Verlust eines lieben Menschen sein, damit wir begreifen, dass wir etwas ändern müssen, um wahrhaftiger zu leben. Manchmal genügt es schon, eine existenzielle, wirklich wichtige Frage zu stellen. So wie die amerikanische Performance-Künstlerin Candy Chang, die sich, ausgelöst von der Krebserkrankung ihrer Freundin, fragte, wieso wir uns erst im Angesicht des Todes mit den wesentlichen Themen und Fragen des Lebens beschäftigen. Candy entwickelte daraufhin ein Projekt. Sie gestaltete die Fassade eines alten Stadthauses in New Orleans zu einer überdimensionalen Wandtafel um und sprühte unzählige Male mit weißer Farbe »Before I die, I want to ...« darauf. Darunter zog sie Linien zum Schreiben, befestigte Kästchen mit Tafelkreide und bat Passanten darum, den Satz aus ihrer Sicht zu ergänzen. Und das taten sie. Die Leute schrieben und schrieben, als hätten sie nur darauf gewartet, dass jemand ihnen diesen Impuls gibt:
Bevor ich sterbe, möchte ich ...
... ein Boot umbauen und den Atlantik überqueren,
... meinen Bruder um Vergebung bitten,
... einen Wal im Meer beobachten,
... meine Mutter noch einmal besuchen,
... die Kirschen in meinem Garten ernten,
... meinen Abschluss an der Uni machen,
... meiner Frau sagen, wie sehr ich sie liebe,
... ein Kind bekommen,
... Pirat werden,
... Gott finden
und noch vieles mehr.

Manche nahmen die Frage eher leicht, andere nahmen sie sich zu Herzen. Viele kamen beim Schreiben miteinander in ein gutes Gespräch. Was 2011 mit dieser einen Wand in New

Orleans begann, hat Kreise gezogen. Mittlerweile gibt es Hunderte solcher »Before I die«-Wände in mehr als vierzig Ländern. In unzähligen Sprachen haben Menschen weltweit darüber nachgedacht, was in ihrem Leben wesentlich ist. Vielleicht hast du Lust, eine eigene Wand zu gestalten? Es muss ja nicht gleich auf dem Marktplatz sein. Wie wäre es, diese Worte auf ein Flipchart oder einen Bogen Papier zu schreiben und sie mit Freunden oder Familie zu ergänzen? Ich bin sicher, dass ungewöhnlich intensive Gespräche daraus entstehen werden.

Verschwende nicht die Zeit

Ein Lied, das ich besonders gerne höre, heißt »Jeder Tag ist gezählt«. In dichten Bildern und mit leisen Tönen erzählt der Liedermacher Gerhard Schöne die Geschichte eines Mannes, der nach seiner Krebsdiagnose die Klinik verlässt und alles mit anderen Augen sieht. Ihm wird plötzlich bewusst, wie wertvoll all die kleinen Dinge sind. Er hört Kinder spielen, Autos fahren oder Vögel singen, als wäre es das erste Mal. Ganz neu erkennt er, wie kostbar sein Leben und die Beziehung zu seiner Frau ist. Und was er dabei versäumt hat: So viele Worte blieben ungesagt, so viele Momente ungenutzt. Als er verzweifelt denkt: »Könnt ich noch einmal leben ...«, wacht er aus dem Albtraum auf.

Manchmal wären wir froh, wenn wir unser Leben wie den Zeiger einer Uhr zurückdrehen könnten. Doch das geht nicht. Wir leben vorwärts, so schmerzhaft das mitunter ist. Das stellt uns vor die Aufgabe, aus dem Erlebten zu lernen, unsere Erfahrungen zu teilen, uns weiterzuentwickeln und den Schmerz als Impuls zu nehmen, künftig bedachter zu handeln oder anders zu entscheiden.

Wer Krisen und Brüche erlebt hat, wird häufig zu einem besonders einfühlsamen Gesprächspartner für andere. Wer erkannt hat, dass es ein »zu spät« gibt in der Partnerschaft, in der Gesundheit, im Umgang mit Lebensträumen, der gewinnt die Einsicht, dass Lebenszeit unendlich kostbar ist. Und diese Einsicht führt zu der tieferen Sehnsucht, endlich zu leben. Also lassen wir los, was uns daran hindert, und fragen danach, was uns heute und jetzt wesentlich ist.

Was das Leben wertvoll macht

Ich habe gelernt, dass der englische Begriff für Werte, »value«, vom lateinischen »valere« stammt, was so viel bedeutet wie »gesund sein« oder »kraftvoll sein«.

Unsere Werte zeigen uns, was uns wichtig ist und wofür unser Herz schlägt.

Sie geben die Spur vor, der wir folgen müssen, wenn wir wissen wollen, was wesentlich für unser Leben ist.
Doch welche Werte sind es tatsächlich, die dazu beitragen, dass das Leben gelingen kann? Dieser Frage sind Weisheitslehrer seit Jahrtausenden auf der Spur. Antike Philosophen schälten vier Werte in ihren Debatten heraus: Klugheit, Gerechtigkeit, Tapferkeit und Mäßigung.
Kardinaltugenden nannte man sie. Vor 1500 Jahren ergänzte Papst Gregor sie um die drei großen spirituellen Werte: Glaube, Liebe und Hoffnung. So kommt es, dass wir heute von sieben Tugenden sprechen, also von Werten, die tauglich für ein gutes Leben sind.
Doch so wichtig diese Werte auch sind, es wäre unklug, sie einfach unreflektiert zu übernehmen. Wir müssen uns selbst fragen, was Klugheit, Gerechtigkeit, Tapferkeit, Mäßigung, Glaube, Liebe und Hoffnung konkret für unser Leben bedeuten und wie wir diesen jeweiligen Wert in unserem Leben ganz praktisch leben wollen. Für mich bedeutet Mäßigung beispiels-

weise, dass ich mir überlege, wie viel und was ich wirklich brauche. Folge ich diesem inneren Gespür, prallt so manche Werbung an mir ab. Das beginnt bereits beim Essen. Höre ich auf meinen Magen und mäßige meinen Appetit, indem ich eine Pause einlege, oder mache ich es wie ein Bekannter, der gerne sagt: »Iss dich satt, bevor dein Magen sagt, er hätte genug.« Wie viel Arbeit tut mir gut und was brauche ich, um sorgenfrei zu leben? Komme ich mit einer 75-Prozent-Stelle klar, sofern es die Möglichkeit dafür gibt? Auch Klugheit als Wert ist spannend zu hinterfragen. Nicht alle Experten sind klug, obwohl sie unbestritten sehr viel wissen. Klugheit erlebe ich dann als wertvoll, wenn sich Weisheit mit Wissen verknüpft. Einige der Tugenden machen einen etwas verstaubten Eindruck. Ist Tapferkeit heutzutage angebracht? Vielleicht im Sinne von ziviler Courage, als Mut, für etwas einzutreten, was man als unverzichtbar empfindet. Tapferkeit ist angebracht, wenn populistische Parolen die Runde machen, und es braucht durchaus Mut zu zeigen, dass ich diese Sichtweise fragwürdig finde. Gerechtigkeit beschreibe ich für mich so: einer Sache oder einem Menschen das Recht einzuräumen, beachtet zu werden. Dann folgt im Alltag daraus, dass ich darauf achte, bewusst zuzuhören und anderen Raum zu geben.

Für mich sind Glaube, Liebe und Hoffnung Werte, die ich als spirituelle Kraftquelle erlebe, auch wenn sich meine Art zu glauben mit den Jahren wandelt und weiterentwickelt. Forscher betonen, dass Glaubende Krisen anders und häufig kraftvoller bewältigen. Das kann ich aus meiner Beobachtung in der Begleitung von Sterbenden und Kranken bestätigen. Offensichtlich verfügen spirituell verwurzelte Menschen über eine Art seelischen Turbolader, eine innere Kraft, die sie stützt, wenn der Boden unter den Füßen wankt.

Hoffend zu leben bedeutet für mich, realistisch zu bleiben, zu akzeptieren, was ich momentan nicht ändern kann, und mich darüber hinaus dafür zu entscheiden, das Gute zu sehen und dankbar anzunehmen. Das ist etwas ganz anderes, als die Welt durch eine rosarote Brille wahrzunehmen. Und auch der Wert der Liebe hat eine weitaus umfassendere Bedeutung, als romantische Gefühle zu entwickeln. Liebe ist eine transformierende Kraft, mit der wir unser Leben besser bewältigen können. Die amerikanische Psychologin Barbara Fredrickson bezeichnet Liebe als Mikromomente der Verbundenheit, Resonanz und des Urvertrauens, als Lebenskraft schlechthin. Damit wird dieser Wert vor allem in globalen Krisen und persönlichen Unsicherheiten sehr bedeutsam.

Vielleicht inspiriert es dich, diese sieben Werte für dich selbst zu hinterfragen und zu prüfen, welche Bedeutung sie in deinem Leben haben.

Darüber hinaus gibt es unzählige weitere Werte, die Menschen für ihren Lebensalltag in Beruf und im Privaten für wesentlich halten: von A wie Aufrichtigkeit über Ehrlichkeit, Erfolg, Familie, Gelassenheit, Gesundheit, Klarheit, Treue bis hin zu Z wie Zuversicht. Immer jedoch gilt:

Ein Wert entfaltet seine orientierende Wirkung grundsätzlich nur dann, wenn er in unserem eigenen Leben praktisch und sichtbar gelebt wird.

Und erst dann wirst du erleben, dass dich deine Werte durch komplexe Fragen oder in Krisen leiten.
Vielleicht fragst du dich bei dieser Reflexion, woher deine Wertvorstellungen eigentlich kommen. Häufig sind es Haltungen, Formulierungen und Überzeugungen in unserer Kernfamilie, die wir jahrelang vorgelebt bekamen und daraufhin unbewusst oder gezielt übernommen haben. Daher hat eine Wertesuche viel mit der eigenen Biografie zu tun. Wir müssen uns unsere unbewussten Prägungen und die Werte unserer Herkunftsfamilie bewusst machen. Auf diese Bedeutung der Kernfamilie und Ahnen komme ich im folgenden Kapitel noch einmal zu sprechen. Wichtig ist an dieser Stelle, dass wir Werte, die uns geprägt haben, ans Licht holen müssen, um sie zu bele-

ben, zu hinterfragen und wenn nötig neu zu bestimmen. Dies ist ein Prozess, kein einmaliger Vorgang. Maßstab ist ganz allein das, was für dich in deinem Leben wesentlich ist.

Bei mir war der Wert der Familie eine Zeit lang ganz wesentlich. Um unsere drei Kinder gut ins Leben zu begleiten, habe ich meine Karriere zurückgestellt und nur Teilzeit gearbeitet. Mit Ende dreißig habe ich dann voll auf berufliche Weiterentwicklung gesetzt und mit meinem Mann besprochen, dass er mir dafür den Rücken freihält. Dafür rückten Freunde und Familie auf der Werteskala weiter nach hinten. Mit Ende vierzig wiederum standen bei mir die Werte Freiheit, persönliche Entwicklung und Partnerschaft ganz weit oben. Mit fortschreitender Zeit wirst du feststellen, dass sich die Auswahl und vor allem die Rangfolge deiner Werte ändern. Je nachdem, welcher Wert auf den Plätzen eins bis fünf ist, ändern sich Entscheidungen, die man für sein Leben trifft.

Es lohnt sich daher, deine persönliche Wertebestimmung in Abständen von einigen Jahren erneut zu machen und zu prüfen, ob es noch die Werte sind, die dich in deinem Tun und bei deinen Entscheidungen leiten. Wichtig ist, dass du in möglichst hoher Übereinstimmung mit den Werten lebst, die du für dich benennst. Es gibt dir die Kraft, das umzusetzen, wofür du brennst.

Darüber hinaus ist es außerordentlich wichtig, die Werte anderer Menschen zu achten und wertzuschätzen. Sei dir bewusst, dass du andere schädigst und schwächst, sobald du ihre Werte missachtest und dass dies Rückwirkungen auf dich selbst hat.

Ich erinnere mich an einen Kollegen, dem die Ordnung in der Ablage und die Zahlen hinter dem Komma in der Abrechnung extrem wichtig waren. Ich dagegen rundete kleine Beträge einfach auf. Er konnte das nicht akzeptieren und verstand es als Nachlässigkeit, was ich wiederum kleinkariert fand. Kurzum, wir hatten ein etwas angespanntes Verhältnis. Erst als ich verstand, dass seine Korrektheit darauf beruhte, dass ihm Genauigkeit im Detail sehr wichtig war, konnte ich akzeptieren, dass jeder Cent einen Unterschied macht. Wenn ich das missachte, mache ich mir im Umgang mit ihm selbst das Leben schwer. Deshalb dürfen uns die Werte anderer nicht egal sein. Es ist unbedingt wichtig, sich in der Familie und auch im beruflichen Umfeld darüber auszutauschen, was einem selbst und was den anderen wertvoll ist. Wenn du deine persönlichen Werte in ihrer Bedeutung unterschätzt und missachtet, wirst du deinen inneren Kompass verlieren. Damit geht die Orientierung für wichtige Entscheidungen verloren, oder du wirst einmal getroffene Entscheidungen immer wieder anzweifeln. Es laugt dich aus. Unmerklich geht das Selbstvertrauen dabei verloren. Daher gilt: Wenn du deine wichtigsten Werte bestimmt hast und sie in deinem persönlichen und beruflichen Alltag umsetzt, gewinnst du Umsetzungskraft, Echtheit und Zuversicht. Drei intensive Übungen biete ich dir für deine Wertesuche an. Nimm dir Zeit dafür und lies erst dann das nächste Kapitel, wenn du deine Werte neu bestimmt hast.

Coaching-Übungen

Wertesuche

Eine sichere Spur zu deinen eigenen Werten legen die folgenden Fragen, denn sie zeigen dir, wofür dein Herz brennt.

Du brauchst ca. eine Stunde Zeit, einen Schreibblock und Stift sowie die Möglichkeit, an einem Ort, an dem du dich wohlfühlst, ungestört zu reflektieren.

Intensiver wird der Prozess, wenn du dir eine Person deines Vertrauens suchst, die dir die Fragen stellt und deine Antworten parallel notiert, während du frei assoziieren kannst. Achtung: Bitte keine Nachfragen und kein analysierendes Gespräch während des Prozesses.

Beantworte zuerst folgende drei Fragen. Schreibe sofort und ohne lange nachzudenken auf, was dir dazu einfällt.

1. Was ist dir wirklich, wirklich wichtig?
2. Was macht dir zutiefst Freude, wobei bist du im Flow, in deinem Element?
3. Was würdest du schmerzlich vermissen, wenn es das in deinem Leben nicht mehr gäbe? Das können Orte, Personen, Fähigkeiten etc. sein.

Diese Fragen sind einander ähnlich. Das ist Absicht. Sie umkreisen das Wertethema, sodass du es von verschiedenen Seiten her betrachten und dadurch zu einer tieferen Erfahrungsebene vordringen kannst. Stell dir vor, du würdest nach deinen Werten tauchen. Bei jedem Tauchgang fischst du in tieferen Schichten und kommst deinem Werteschatz näher.

Schau dir in einem zweiten Schritt an, welche Werte in deinen Antworten stecken. Geht es um Freiheit, Aufrichtigkeit, Kreativität, Gestaltungskraft, Liebe, Zuwendung, Fürsorge, Wissen, Neugier, Gesundheit, Unabhängigkeit, Verbundenheit, Spiritualität, Weisheit?

Damit hast du eine erste Klarheit auf die Frage, welche Werte dir in deiner momentanen Lebenssituation wichtig sind. Welche weiteren Werte kannst du darüber hinaus als für dich wichtig benennen? Schreibe dir diese Werte in einer Liste untereinander auf.

Werte priorisieren

In dieser Übung geht es darum, herauszufinden, was JETZT wirklich, wirklich wesentlich ist. Du wirst die Werte in eine Reihenfolge bringen (müssen). Bitte bedenke, dass sich dies in einem halben Jahr durchaus wieder ändern kann. Doch du brauchst jetzt eine Ehrlichkeit dir selbst gegenüber, wenn dich die Werte lotsen sollen.
Welche Werte setzt du auf die ersten fünf Plätze? Was davon ist dir am allerwichtigsten? Häufig kann man es daran erkennen, dass es einem am meisten fehlen würde, wenn dieser Wert im eigenen Leben verloren ginge.
Niemand kann dir diese Priorisierung abnehmen. Du allein entscheidest, ob dir die Gesundheit gerade wichtiger ist als die Partnerschaft, die Kinder wichtiger als der Beruf, die Freiheit existenzieller als die Neugier, die Sicherheit wesentlicher als Status. Es gibt hierbei keine moralische Wertung, kein Besser oder Schlechter. Maßstab ist ganz allein das, was für dich in deinem Leben wesentlich ist.

Tipp: Gestalte dir eine Schrift-Bild-Collage mit deinen fünf wichtigsten Werten und hänge dir diese an einem Platz auf, an dem du sie täglich wahrnimmst. So sind sie für dich sichtbar und können dir in Entscheidungssituationen Orientierung bieten.

Vier Wochen – endlich leben

Diese Übung ist herausfordernd. Sie kann dich intensiv beschäftigen. Also prüfe bitte, ob und wann du sie für dich nutzen möchtest.
Stell dir vor, dein Leben würde in vier Wochen zu Ende sein. Welche Gedanken gehen dir durch den Kopf, wenn du dir sagst: »Wenn ich nur noch vier Wochen zu leben hätte, dann ...« Schreibe zunächst auf, was dir alles spontan einfällt!

In einem zweiten Schritt konkretisierst du das und findest für jede Woche ein Thema, formulierst eine Überschrift. Zum Beispiel:
- Dinge tun, die ich mir bisher nicht gegönnt habe ...
- Alte Verletzungen und Beziehungen bereinigen und klären ...
- Zeit mit bestimmten Menschen verbringen ...
- Dinge/Unterlagen ordnen ...
- Einen Brief schreiben als Vermächtnis und Trost für diejenigen, die ich zurücklassen werde ...

Ist da etwas, das du bereuen würdest, wenn du es nicht getan hättest? Eine echte Aufgabe, die unerledigt bleiben würde? Nimm dir hierfür Zeit. Vielleicht gehst du mit dieser Frage spazieren oder sprichst mit Menschen, die dich gut kennen, darüber. Und dann schreib es auf.

Hinter dieser Übung steht die Erfahrung, dass wir geklärter und kraftvoller leben, wenn wir wenig zu bereuen haben oder wenn unsere Seele freier von ungeklärten Dingen ist. Diese Übung wird dir helfen herauszufiltern, worauf du mehr als bisher achten willst. Vielleicht wird dir bewusst, dass du Dinge endlich in Ordnung bringen oder halten willst, dass Bewegung in der Natur für dich wesentlich ist oder dass manche Beziehung in deinem Leben viel mehr Raum und Ausdruck als bisher braucht.

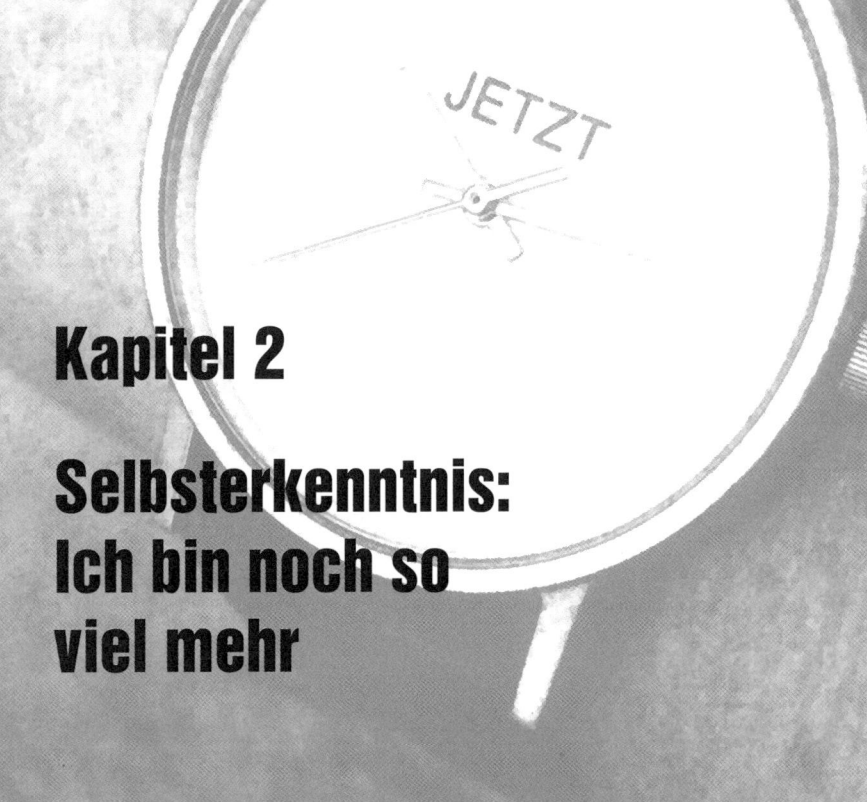

Kapitel 2

Selbsterkenntnis: Ich bin noch so viel mehr

> »Erst wenn du anerkennst, dass etwas so ist, wie es ist, öffnest du die Tür für eine Veränderung.«
> Cornelia Schäfer

Erst auf den zweiten Blick hätte man erkennen können, dass die feine Holzmaserung des Instrumentes unter der Patina des Alters rötlich, fast golden schimmerte. Ein wenig so wie das Meer bei Sonnenuntergang, wenn eine leichte Brise das Wasser vibrieren lässt. Doch für einen zweiten Blick hatte kurz vor acht Uhr niemand Zeit.

Die Passanten eilten achtlos an dem Mann vorüber, der in der U-Bahn-Station neben seinem aufgeklappten Geigenkasten stand, die Augen halb geschlossen, und hingebungsvoll spielte. Kaum jemand warf ihm Münzen hin, und niemand nahm wirklich Notiz von seinem virtuosen Spiel. Wozu auch? Sie hatten wohl anderes im Kopf an jenem Januarmorgen, als stehen zu bleiben und einem Straßenmusikanten zuzuhören.

In Alltagskleidung, ein Baseballcap auf dem Kopf, sieht Joshua Bell wie einer der Straßenkünstler aus, die es an vielen Ecken der Stadt gibt. An jenem Morgen in der U-Bahn spielt er seine »Gibson«, eine Stradivari-Geige im Wert von mehreren Millionen Euro, deren Klang ein besonderer sein muss: kristallklar im Ton, leicht und edel. Bell spielt die großen Klassiker Bach und Schubert. Er interpretiert diese Stücke einzigartig. Wer ihn im Konzertsaal spielen hören will, legt für eine Eintrittskarte ein Vermögen hin. Doch hier erlebt er kaum Resonanz. In jenen 43 Minuten sammeln sich gerade mal 32 Dollar und 17 Cent in seinem aufgeklappten Geigenkasten, während 1070 Passanten an ihm vorbeieilen. Ich habe mich gefragt, was das mit dem Selbstwert eines Künstlers, noch dazu eines erfolgsverwöhnten Künstlers macht? Joshua Bell formulierte es so: »Im Konzertsaal habe ich schon durch die Eintrittskarten einen Wert. Hier habe ich das Gefühl, dass ich erst akzeptiert werden muss.«

Einzig ein kleiner Junge, vielleicht etwas mehr als drei Jahre alt, scheint den Zauber der Musik an jenem Morgen zu spüren. Er will stehen bleiben, zuhören, staunen, aber die Mutter hat es eilig, zieht unerbittlich an seiner Hand, und so gehen sie weiter. Für Joshua Bell muss der staunende Blick dieses Kindes viel bedeutet haben. Wir gewinnen Ansehen, indem uns jemand ansieht!
Möglich, dass dieses Experiment in der U-Bahn dazu führte, dass Joshua Bell sich an jenem Morgen fragte: »Wer bin ich, und wofür bin ich hier?« Vielleicht würde er antworten: »Ich bin ein Mann, der eine große Liebe zur Musik hat, der seiner Begabung gefolgt ist und dem es als Künstler wichtig ist, Menschen mit der Musik im Herzen zu berühren, sodass sie selbst in Bewegung kommen.«
Es gibt manchmal ungewöhnliche Momente, die uns die Gelegenheit geben zu fragen: »Wer bin ich, und wofür bin ich hier?« Was macht mich zu dem, der oder die ich bin? Und spätestens jetzt ist es an der Zeit, dass du dich selbst diesen Fragen stellst.

Unterwegs zu mir selbst

Am Anfang steht also die Auseinandersetzung mit dir selbst. Was entfacht dieser Gedanke bei dir? Vielleicht zögerst du, bist dir unsicher, ob das nicht zu riskant ist. Ich glaube, damit bist du nicht allein. Die meisten von uns haben Angst, sich auf eine innere Entdeckertour zu begeben. Denn wenn wir uns anschauen, wie wir sind, kann es passieren, dass uns nicht alles gefällt, was wir entdecken. Das ahnen wir und wollen uns deshalb schützen. Also hüllen wir unser Selbst ein wie eine Schmetterlingslarve, die sich Schicht um Schicht verpuppt. Ein Kokon gibt Schutz. Doch er wird zur undurchdringlichen Mauer, wenn wir damit den Zugang zu unserem wahrhaftigen Ich, zu unseren Träumen, Hoffnungen, Ängsten, Zweifeln und Schwächen verhindern. Dann begegnen wir dem Nächsten eingepuppt, übersättigt und mit reichlich Abstand. Wir betreten kein Neuland und scheuen das Wagnis, uns wirklich mit uns selbst auseinanderzusetzen.

Da braucht sich niemand zu wundern, wenn sich spätestens mit vierzig das Leben wie kalter Kaffee anfühlt. Wollen wir uns wieder lebendig fühlen, und das ist erforderlich, um die Kraft zum Durchstarten zu entwickeln, dann müssen wir uns selbst bewusster werden und unser Ich angstfrei unter die Lupe nehmen. Das ist die Voraussetzung, der Preis, wenn du dich auf diese Sehnsuchtsreise begeben möchtest.

Wenn wir uns fragen, wie wir zu dem Menschen wurden, der wir heute sind, reicht es natürlich nicht aus, nur unseren Lebenslauf aufzuschreiben. Das hat jede und jeder von uns schon häufig getan. Chronologisch aneinandergereiht ist unser Leben schnell geklärt. Geburt, Schulbesuche, berufliche Ausbildung oder Studium, Abschlüsse, Auslandsaufenthalte, Familienstand, besondere Qualifikationen oder Vorlieben – und fertig. Was wir dagegen brauchen, ist der Blick auf das große Ganze: Wie wurde ich die Persönlichkeit, die ich heute bin?

Wirkliche Biografiearbeit hat mit dem Nacherleben, der Einordnung und Aufarbeitung unseres Lebens zu tun. Wenn wir unsere Lebenserfahrungen sortieren, geben wir den Erlebnissen eine Bedeutung, puzzeln Einzelteile zusammen und sehen durch den zeitlichen Abstand manches in einem klareren Licht. Indem wir uns bewusst erinnern, können wir sehen, was gut gelungen ist, wo wir erfolgreich waren und welche Schwierigkeiten wir bewältigt haben. Aber auch die Momente, in denen es anders lief als erwartet, als wir gescheitert sind oder verletzt wurden, werden dabei nochmals angeschaut.

Wer sich auf eine biografische Entdeckungsreise macht, wird eine gereifte Haltung zu sich selbst entwickeln.

Denn wer sich selbst unbewusst ablehnt oder verurteilt, mit seinem Schicksal hadert oder viel Ungeklärtes mit sich herumträgt, wird sein Potenzial nicht entfalten und keine tragfähigen Beziehungen aufbauen können. Wenn du dagegen annehmen kannst, wer du bist, wie du so geworden bist und wie du es geschafft hast, deinen Weg bis hierher zu gehen, dann befreit es dich zu einem großen Ja zu deinem einzigartigen Leben. Dieses Einverständnis mit sich selbst und der eigenen Lebensgeschichte macht Wandel möglich, wenn man ihn möchte. Deshalb möchte ich dir Mut machen, deine Geschichte anzuschauen und nach dem zu suchen, was dich gestärkt, ermutigt, beflügelt hat. Du brauchst die Kraft deiner Lebensgeschichte, wenn du noch mal aufbrechen willst – mit all ihren Höhen und Tiefen und allen Erfahrungen.

Vom Wert der Familiengeschichte

Ist dir bewusst, dass deine Geschichte nicht erst bei deiner Geburt beginnt? Sie beginnt schon viel früher, nämlich bei der Geschichte deiner Vorfahren, der Großfamilie, aus der du stammst. Über deren Wirkung auf unsere Entwicklung machen wir uns normalerweise wenig Gedanken. Häufig haben wir die Urgroßeltern kaum gekannt, wenn wir ihnen überhaupt begegnet sind. Ich war erstaunt, als ich in meiner Ausbildung als systemische Beraterin mehrfach miterleben konnte, dass unbewusste Muster und Abhängigkeiten aus solchen weit entfernten Verbindungen bis in unseren ganz normalen Lebensalltag hineinwirken. Wie gut, wenn man bei genauem Hinsehen und Einfühlen solche Verstrickungen lösen kann. Nur weil die Großmutter ein Kind durch einen schlimmen Unfall verloren hat, muss sich heute niemand mehr für die unbewältigte Schuld verkrümmen. Wer sich bewusst gemacht hat, dass der eigene Vater durch den Verlust seines Vaters im Krieg nicht in der Lage war, seine Emotionen und Liebe zu zeigen, der wird dieses erlebte Verhalten anders einordnen können. Man muss diese Haltung nicht zwangsläufig übernehmen, nur weil man sie am eigenen Leib erfahren hat. Wichtig ist es, solche schicksalhaften Geschichten, Trauer, Leid, Schuld nicht unter den Teppich zu kehren, sondern sie wenn möglich anzusprechen, sich erzählen zu lassen und sie dadurch ins Licht der Wahrnehmung zu rücken. Wir können uns davon lösen und befreit den eigenen Weg gehen, wenn es offengelegt und ausgesprochen wurde. Über derartige Verknüpfungen, Übertragungen und die Geschichten der Kriegsenkel gibt es gute Bücher. Ich habe erlebt, dass starke Emotionen hochkommen, aber auch Lebensfragen bewältigt und geklärt werden, wenn man die eigene Geschichte als Teil eines Systems aus mehreren Generationen betrachtet. Menschen, die sich ihrer Lebensumstände und frühen Prägungen bewusst sind, wirken aufgeräumt und haben eine größere Klarheit in ihrem Leben. Sie können deutlicher sagen, wer sie sind. Sie bejahen die Kraft ihrer Ahnen und distanzieren sich von Anteilen, die nicht die ihren sind.

Nachdem ich erkannt hatte, welche Bedeutung die Geschichte der Generationen vor mir für mein eigenes Leben hatte, wurde ich wesentlich neugieriger. Meine Eltern staunten nicht schlecht, als ich bei einem Besuch nach alten Fotoalben und einem biografischen Buch meines Urgroßvaters fragte.

Es begann eine spannende Reise in meine Ahnengalerie, auf der ich auf die Spuren meiner Urgroßmutter, einer gebildeten, fröhlichen und liebevollen Frau stieß, der ich nie begegnet bin. Einen Teil ihrer Gene auch in mir zu wissen, tut mir heute gut.

Gibt es einen Leitsatz, eine Art Vermächtnis in der Familie, das du mehr als bisher beachten möchtest?

Die Lebensregel meines Großvaters begann mit folgenden Worten: »Zuerst vertrau auf Gott recht fest, der keinen Menschen je verlässt.« Dieses Motto ist für mich eine kraftvolle Aussage, wie ein Sicherheitsnetz für einen Hochseilartisten. Den Rest seiner Regeln möchte ich nicht einfach übernehmen. Aber diesen Satz schon!

Ich bin dankbar, wenn ich etwas von den Lebensgeschichten meiner Ahnen erfahren kann. Es sind viele wertvolle Schätze darin zu finden, die ich für mein eigenes Leben heben möchte. Was weißt du über deine Familie? Welche Quellen sind dir zugänglich? Gibt es noch Fotoalben auf dem Speicher bei deinen Eltern? Hast du mit ihnen über ihre Vorfahren gesprochen?

Coaching-Übung

Roots – die Geschichte deiner Familie
Durchforste die Alben deiner Familie, sprich mit deinen Eltern über die Generationen vor dir. Dann erstelle einen Stammbaum und mache dir Stichpunkte, was die einzelnen Personen ausgezeichnet hat. Das können ganz verschiedene Dinge sein: Charaktereigenschaften, besondere Taten oder Redewendungen, die die Person gerne gebraucht hat ... Schreibe dir wichtige Sätze auf, die euch als Familie beschreiben und die du als Schatz für dich aufbewahren willst.
Gibt es unheilvolle Dinge in eurer Geschichte? Negative Verhaltensmuster, Schuld, unbereinigte Beziehungen? Dann mach dir auch das bewusst. Nur wenn du offen damit umgehst, ist es möglich, solchen Dingen die zerstörerische Kraft zu nehmen und Fehler nicht zu wiederholen.

Die eigene Geschichte entdecken

Ich erinnere mich an einen Abend, als mein Mann und ich nach einem Kinobesuch mit unseren damals noch jugendlichen Kindern über eine Stunde lang im Auto sitzen blieben, weil sie uns Löcher in den Bauch fragten zu unserer Liebe in der Zeit vor dem deutschen Mauerfall. Mein Mann und ich hatten uns als Teenager in Ostdeutschland kennengelernt. Dass sich Teenager ineinander verlieben, ist an sich nichts Besonderes. Meist hält eine Liebesgeschichte in diesem Alter nicht lange. Daher gingen meine Eltern fest davon aus, dass ich nach der Ausreise meiner Familie in den Westen Deutschlands über die Trennung hinwegkommen und einen neuen Freund finden würde.
Doch meine Liebe gehörte weiterhin dem Mann jenseits der Mauer. Wenige Monate nach der Ausreise investierte ich das erste Azubi-Gehalt, um mir eine Fahrkarte von Frankfurt am Main nach Prag zu kaufen, wo wir uns trafen. Er kam mit dem Motorrad aus der DDR über die Grenze. Trotz der offensicht-

lichen Aussichtslosigkeit unserer Beziehung – eine Rückkehr in den Osten war für mich ausgeschlossen und ein Antrag auf Ausreise für ihn höchst gefährlich – trafen wir uns alle vier bis fünf Monate in Prag, in Budapest und in kleinen böhmischen Dörfern, deren Namen ich längst vergessen habe. Sehnsucht macht kreativ, und Liebe setzt Kräfte frei, die uns halfen, über uns selbst und das Gewöhnliche hinauszuwachsen. Wir waren davon überzeugt, dass es eine Möglichkeit geben müsste, zueinander zu finden, obwohl die Grenze unüberwindbar schien. Wir setzten mit gerade mal zwanzig Jahren viele Hebel in Bewegung, und der Glaube, dass man mit Gottes Hilfe Mauern überwinden kann, bewahrte uns davor aufzugeben.

Es war ein glattes Wunder, dass wir mit dieser Beharrlichkeit nicht im Gefängnis, sondern nach zwei Jahren Papierkrieg und Stasiverhören mit einer kostbaren Erlaubnis zur internationalen Eheschließung auf dem Standesamt landeten.

An jenem Abend vor der Garage begriffen unsere Kinder, dass die Beziehung ihrer Eltern eigentlich zum Scheitern verdammt gewesen war und es unsere Familie beinahe nicht gegeben hätte. Ich glaube, in diesem Augenblick verstanden sie, weshalb wir eine ungeheure Zuversicht in uns tragen und dass diese Zuversicht auch ihr Familienerbe sein kann.

Wie ist deine Geschichte verlaufen? Wenn man sich die wichtigsten Ereignisse aus dem eigenen Leben noch mal anschaut, merkt man rasch: Wir können eine Menge von uns selbst lernen. Es geht darum zu erkennen, was die Bewältigungsmuster, Ressourcen und Talente sind, die dir auf deinem Weg geholfen haben. Du wirst aber auch entdecken, wann Entscheidungen bei dir gereift sind und welche Impulse zu einer Weiterentwicklung geführt haben. Bist du vielleicht krank geworden und hast das berufliche Umfeld oder den Wohnort gewechselt? Oder warst du immer dann am stärksten, wenn eine Krise es erfordert hat? Wann warst du für andere eine Stütze, und wann hast du selbst Unterstützung bekommen? Kamen persönliche und berufliche Herausforderungen zeitversetzt oder zeitgleich, und was hast du aus ihnen gelernt?

Ein starkes Tool, um unser eigenes Leben zu betrachten, ist die Lebensjahrsiebt-Übung, die du in diesem Kapitel findest. In vielen Seminaren arbeite ich mit dieser Übung, und die Frauen und Männer, die sich damit auf die innere Suche begeben, berichten immer mit viel Freude von ihren Erkenntnissen.
Schon der jüdische Philosoph und Theologe Philon von Alexandria hat vor zweitausend Jahren das Leben in Schritte von sieben Jahren eingeteilt. Er suchte damals Muster, die sich im Leben aller Menschen ähneln, und stellte fest, dass sich die wichtigsten Veränderungen in Sieben-Jahres-Schritten vollziehen: Bis zum siebten Lebensjahr kommen die Milchzähne, im zweiten Jahrsiebt wird ein Mensch geschlechtsreif, im dritten bekommt (wenigstens damals) der Mann einen Bart, und nach Philons Ansicht ist es im zehnten Jahrsiebt besser zu sterben, als ein gebrechlicher Greis zu sein.
Das mit dem Bart und den siebzig Jahren hat sich inzwischen verändert. Doch Spannen von sieben bis zehn Jahren in den Blick zu nehmen, um Entwicklungsschritte oder Wandlungen in unserem Leben zu beobachten, gilt über die Anthroposophie hinaus heute in Medizin, Coaching und Therapie als eine gute Methode der Selbstreflexion.
Ich wünsche dir Freude bei dieser Schatzsuche in deiner Lebensgeschichte. Denn dass es eine ist, davon bin ich überzeugt.

Coaching-Übung

Lebensjahrsiebt – die Fülle entdecken
Bevor du dich in ein neues Abenteuer stürzt, solltest du deine Ausrüstung kennen. Daher spüre deine Ressourcen mit dieser Übung auf.
Du brauchst ein etwa zwei Meter langes Seil, dazu Kreppband, fünf bis acht Karteikarten sowie Stifte.
Markiere das Seil mit dem Kreppband in so viele Sieben-Jahres-Abschnitte, wie es deinem Lebensalter entspricht. Das aktuelle Lebensjahrsiebt ist ein eigener Abschnitt,

auch wenn du es noch nicht vollendet hast (also wenn du beispielsweise 52 Jahre alt bist und im dritten Jahr deines achten Lebensjahrsiebts stehst).
Wenn du das präparierte Seil vor dir liegen hast, gehe gedanklich durch jedes Jahrsiebt und beantworte dir folgende Fragen. Am besten schreibst du dir die Antworten auf einen Zettel:
- Was hat dich in diesem Zeitraum geprägt?
- Woran erinnerst du dich gerne?
- Was hat dich gestärkt?
- Wenn es schwere Zeiten gab: Wie konntest du sie bewältigen? Was hat dich getragen?
- Welche Begabungen hast du in diesem Zeitraum entdeckt und gelebt?

Am Ende: Finde zu jedem Jahrsiebt eine Überschrift/Erkenntnis.
Diese schreibst du jeweils gut lesbar auf ein Blatt. Tritt zum Abschluss einen Schritt zurück und lass diese Überlegungen und Erkenntnisse auf dich wirken.
Was davon wird zur »Ausrüstung« für deinen Aufbruch in der Lebensmitte? Welche Stärken ziehen sich durch die verschiedenen Abschnitte? Welche Menschen sind für dich da gewesen – und werden es auch in Zukunft sein? Was sind Schwierigkeiten und Krisen, aus denen du wieder aufgetaucht bist?
Welche Themen, beruflich, im Ehrenamt oder in der Familie, ziehen sich durch dein Leben, die du weiterverfolgen willst?
Schön ist es, wenn du diese Übung mit einer zweiten Person durchführen und dich darüber austauschen kannst.

Angekommen in der Gegenwart

Herzlichen Glückwunsch. Du hast dich mit der Geschichte deiner Familie, mit deiner eigenen und mit dem beschäftigt, was dir wertvoll ist. Damit bist du der Frage nach deinem Traum einen wesentlichen Schritt näher gekommen. Als Nächstes geht es darum, die Gegenwart in den Blick zu nehmen.

Ich habe zu Beginn schon erzählt, dass es zu großen Teilen in unserer Hand liegt, wie wir unser Leben gestalten und vor allem mit welcher Haltung wir diesem Leben begegnen. Es sind nicht nur die Umstände, die über uns bestimmen, sondern wir können selbst wählen, wie wir damit umgehen. Aber häufig ist das Problem, dass es uns schwerfällt, unser Leben von außen in den Blick zu nehmen.

Wir stecken so tief drin im Klein-Klein unseres Alltags, dass wir das große Ganze überhaupt nicht mehr erfassen.

Deswegen ist es bedeutsam herauszufinden: In welchen Rollen befinde ich mich eigentlich? Wofür setze ich meine Kraft ein, und entspricht das wirklich den Werten und den Erfahrungen, die wir in den vorangegangenen Übungen betrachtet haben?

Die Rollen hinterfragen

Mit dem Thema der unterschiedlichen Lebensrollen konfrontierte mich erstmals ein Seminar, mit dem ich mein Zeitmanagement verbessern wollte. Ich spürte damals, wie ich es kaum noch schaffe, meine Termine unter einen Hut zu bringen, und hoffte, dass ich hier eine Methode lernen würde, mit der ich meinen Terminplan optimieren könnte.

Im Seminar sollten wir dann alle Rollen aufführen, die wir ausfüllen. Als ich aufzuschreiben begann, welche das waren, entstand eine lange Liste. Das ging von Mutter, Ehefrau, Tochter, Freundin, Enkelin über Kollegin, Teammitglied, Nachbarin, Kirchengemeinderätin, Autorin, Redaktionskreisleiterin, Chormitglied, Sportlerin bis hin zur Hundehalterin. Ich staunte über die Fülle an Verbindlichkeiten, Erwartungen und Möglichkeiten, die damit einhergingen und die ich jetzt zum ersten Mal in solcher Klarheit wahrnahm. Ich war ehrlich erschrocken, wieso ich nicht schon längst bemerkt hatte, woher der chronische Zeitmangel und die damit einhergehende Müdigkeit und Lustlosigkeit kamen. Es ist ja kein Wunder, wenn man bei solch einer Überfülle nicht allem gerecht werden kann.

Jetzt galt es herauszufinden, was mir wirklich wichtig ist. Eine große Hilfe dabei war die Liste mit meinen ganz persönlichen Werten, die du im letzten Kapitel ebenfalls erstellt hast. Ich nahm sie heraus und fragte mich bei jeder meiner Rollen: Entspricht das dem, was ich möchte? Ist das wesentlich? Passt das zu *meinen* Werten?

Anschließend war ich in der Lage, mein Leben neu zu sortieren. Manches Ehrenamt, manche Verpflichtung, die ich mir selbst aufgehalst und die ich zuvor für unverzichtbar gehalten hatte, konnte ich dadurch endlich loslassen. Tatsächlich hatte mir das Seminar am Ende bei meinem Problem geholfen. Nicht indem es mir gezeigt hatte, wie ich möglichst viele Aufgaben unter einen Hut bekomme, sondern indem es mir half klar zu sehen, in welche Aufgaben ich meine Zeit investieren möchte – und in welche nicht.

Vielleicht möchtest auch du dich fragen, welche Rollen dir guttun, welche unverzichtbar sind und welche du künftig nicht mehr annehmen willst. Ich mache dir Mut, den Hut in deinem Leben aufzusetzen und Verantwortung dafür zu übernehmen. Sicher macht dir die Übung »Lebenshüte« am Ende dieses Kapitels Spaß bei diesem Schritt und verhilft dir zu mehr Klarheit. Ich verspreche dir, dass die bewusste Konzentration auf die Rollen, die wesentlich sind und die wir ausfüllen möchten, uns unmittelbar dabei hilft, unsere Lebensenergie auf das zu richten, was wirklich zählt.

Selbst gesteuert oder auf Autopilot?

Zum Ankommen in der Gegenwart gehört es auch, das Steuer deiner Emotionen und Reaktionen bewusst in die Hand zu nehmen, statt im Modus »alles wie gehabt« weiterzumachen. Ich vergleiche es gerne mit dem Bild vom Autopiloten. Innere Antreiber sind eine Art innere Programmierung, die ohne unser aktives Zutun abläuft. Kennst du auch Situationen, in denen du genau weißt, was dir eigentlich guttun würde, aber du reagierst plötzlich ganz anders? Es ist, als ob etwas die Hoheit über dein Verhalten übernehmen würde, und du hast das Gefühl, du könntest nicht anders reagieren.

Stell dir vor, du bist im Büro. Längst ist es Zeit, Schluss zu machen. Da biegt deine Kollegin um die Ecke und bittet dich, nur dieses eine Mal noch eine Aufgabe zu übernehmen. Natürlich kennst du das schon und eigentlich spürst du ganz genau, dass du einmal mehr in deinem Verantwortungsgefühl ausgenutzt wirst. Alles in dir schreit NEIN. Doch über deine Lippen kommt ein mattes Ja. Und kaum ist sie gegangen, bist du wütend auf dich und deine Nachgiebigkeit. Doch offenbar schaffst du es nicht, jemanden zu enttäuschen, der etwas von dir erwartet. Es ist, als würde dir in so einem Moment eine Stimme einflüstern: »Mach kein Drama draus, du schaffst das schon.«

Und ganz klar: Wenn du dieser Stimme nachgibst, ersparst du dir die Enttäuschung anderer oder die Konfrontation, und du behältst deinen Ruf als zuverlässige Person. Auf so jemanden kann man zählen, oder? Und schon fühlt es sich viel besser an, bist du stolz auf dich selbst – bis zum Abend, wo du später als gedacht heimkommst und resigniert erkennst, dass die Yogastunde längst ohne dich begonnen hat.

Fragst du dich auch manchmal, woher das kommt? Wieso traust du dich nicht, die eigenen Bedürfnisse mehr zu berücksichtigen? Warum ist dieser Antrieb, keinen Stress mit anderen zu haben und gefallen zu wollen, so stark? Eigentlich hast du das doch gar nicht nötig.

Psychologisch gesehen läuft in solchen Momenten, die wir alle kennen, ein ziemlich altes Programm in uns ab. Solche Verhaltensmuster, die im wissenschaftlichen Konzept der Transaktionsanalyse als innere Antreiber bezeichnet werden, sind sehr früh im Kindesalter entstanden. Mit ihnen haben wir erfolgreich

auf unausgesprochene oder auch auf direkte Ansprüche unserer Eltern, Geschwister, Verwandten oder anderer Bezugspersonen reagiert. Erwartungen von ihnen haben wir damals ungefiltert wahrgenommen und daraufhin ein Verhalten entwickelt, das uns geholfen hat, diese Situation gut zu bewältigen.
Als Menschen sind wir soziale Wesen, die zu Beginn ihres Lebens komplett auf die Zuwendung anderer angewiesen sind. Im Kreis einer Familie oder Gemeinschaft erleben wir Geborgenheit und Schutz. Diese Verbundenheit ist überlebenswichtig und daher passen wir uns an oder übernehmen Überzeugungen und Verhaltensmuster, die uns vorgelebt werden. Wir haben das so verinnerlicht, dass es unser Verhalten weiterhin bestimmt, auch wenn wir längst erwachsen sind.
»Das ist doch gar nicht so übel«, denkst du jetzt vielleicht. Immerhin hat es uns schon häufig genutzt, um uns durchzusetzen, zeitlich effizient zu arbeiten, unser Bestes zu geben, uns anzustrengen oder durchzuhalten, um etwas zu erreichen und mit anderen gut auszukommen. Garantiert hat es Anteil daran, dass wir bis hierher souverän durchs Leben gekommen sind. Insofern sind diese Überzeugungen auch positive Motivatoren.

Schädlich werden Antreibermotive erst dann, wenn wir denken, es wäre die einzige Möglichkeit, wie wir auf Anforderungen reagieren oder mit Druck umgehen könnten.

Das ist trügerisch, weil es uns in unserer Wahrnehmung und Reaktion ziemlich einengt. Daher ist das Beste, was du tun kannst, dich mit diesen Glaubenssätzen auseinanderzusetzen, wenn du weder relaxed bist und weder zeitlichen noch emotionalen Druck hast. Es braucht eine spielerische Leichtigkeit im Umgang damit.
Da ist jemand stark wie ein Löwe, kommt allein zurecht, zeigt niemals Schwäche und erwartet das auch von anderen. Oder

man ist Perfektionistin, getrieben von dem Bedürfnis, alles bestmöglich zu bewältigen. Andere haben einen hohen Anspruch, fehlerfrei zu arbeiten, gehen Konflikten gerne aus dem Weg und leben sehr stark von der Anerkennung anderer. Vielleicht kennst du auch Menschen, deren Antreiber das Tempo ist. Sie sind extrem multitaskingfähig und turboschnell in ihrem Tun, doch sie schaffen es nicht mehr, zu einer inneren Ruhe und Ausgeglichenheit zu finden. Und wieder ein anderer Typ Mensch fühlt sich als Lastesel der Nation, ganz nach dem Motto: »Einer muss es ja machen.« Hinter diesem aufopferungsvoll daherkommenden Eindruck verbirgt sich die Überzeugung, durch Fleiß und Stetigkeit akzeptiert und geschätzt zu werden.

Die meisten von uns haben zwei bis drei Antreibermotive, die sie gerne loswerden oder entmachten würden, haben aber keine Ahnung, wie das gehen soll.

Das Wichtigste ist, dein eigenes Unbehagen zu bemerken. Wann gerätst du aus der Balance zwischen geben und bekommen? Wann signalisiert dir dein Körper, dass es genug ist und du eine Pause oder ein anderes Tempo brauchst? Wann spürst du, dass du gegen dein eigenes Gespür handelst? Ein untrüglicher Indikator für solche Situationen ist das Wörtchen »eigentlich«. Wenn du *eigentlich* lieber nicht zu dieser Einladung gehen würdest, *eigentlich* mehr Zeit für eine Aufgabe brauchst, *eigentlich* das meiste für den Tag erledigt ist oder du *eigentlich* lieber allein spazieren gehen willst, dann musst du hellwach werden! Frage dich, was du in dieser Situation tatsächlich und unabhängig von anderen tun oder lassen willst. Und um diesem Wunsch dann auch in der Realität zu folgen, brauchst du die innere Erlaubnis, selbstbestimmt zu handeln. Diese Erlaubnis kommt *nie* von außen!

Du selbst musst dir erlauben, deinem Gespür zu folgen und deinem Körperempfinden zu vertrauen.

Das ist der entscheidende Schritt, der dir ermöglicht, aus dem inneren Antreibermodus auszusteigen. Du brauchst kraftvolle Erlaubnissätze. Wie kann das gehen, dieses »Erlaubnisprinzip« in dein Leben zu integrieren?

Ein kraftvoller Erlaubnissatz heißt beispielsweise: »Ich muss mir Gutes tun, will ich der Welt mein Bestes geben!« Oder: »Ich bin auch dann stark, wenn ich Gefühle zeige, und darf um Hilfe bitten, ohne mein Gesicht zu verlieren.« Eine wundervolle Erlaubnis, um gelassener und damit gesünder zu arbeiten, hört sich so an: »In der Ruhe liegt die Kraft, denn die Kunst der guten Pause ist ein Teil der guten Arbeit.«
Spürst du, wie wohltuend und entlastend das ist? So ein Satz hilft zu entspannen und eine Pause einzulegen, um wieder in die eigene innere Mitte zu kommen. Es ist ziemlich einfach, Erlaubnissätze zu formulieren, sobald du deine Antreiber aufgespürt hast.
Glaube mir, so ein Satz kann Gold wert sein und deinen Neustart beflügeln. Ich habe es selbst erlebt.

Nichts mehr bedauern müssen

Es war ein milder Tag Ende November, an dem ich einen Termin bei meinem Lehrcoach hatte. Er fragte nach einer Vision für meine Arbeit. Daraufhin erzählte ich ihm, dass ich gerne so entspannt und fröhlich wie die Kanadier arbeiten würde, die ich im Sommer in meinem Urlaub kennengelernt hatte. Ich schwärmte von der Weite und Schönheit der Provinz British Columbia, die ich einige Wochen lang vom Pazifik zu den Rocky Mountains bereist hatte. Als ich damit schloss, dass ich am liebsten dort geblieben wäre, fragte er, warum ich das nicht mache.
Einen Moment lang herrschte Stille. Ich war zu verblüfft, um ihm sofort zu antworten. Dann sagte ich: »Wie soll das gehen? Womit soll ich Geld verdienen? Ganz zu schweigen von den Formalitäten einer Auswanderung für eine fünfköpfige Familie. Das ist ein mega kompliziertes Verfahren.« Als ob man einfach auswandern könnte!
Er sagte nur: »Ich glaube, darum geht es gar nicht.« Jetzt war ich irritiert. Worum sollte es denn gehen? Er fuhr fort: »Es geht wohl eher darum, dass du unzufrieden bist mit dir und deinem

Lebensentwurf. Und um wieder in ein besseres Fahrwasser im Leben zu kommen, kann man etwas tun«, erklärte er mir. Jetzt wurde ich neugierig und war bereit, den nächsten Schritt zu gehen. Daraufhin bat er mich, einen Satz zu formulieren, der meine tiefe Grundüberzeugung für meine gegenwärtige Arbeit beschreibt. Ich musste nicht lange nachdenken. »Ich bin engagiert für andere da und kann fröhlich viel leisten«, schrieb ich auf ein weißes Blatt. Und als ich das so schwarz auf weiß sah, war es, als ob jemand die Gardine vor dem Fenster meiner Seele zur Seite ziehen würde. Auf einmal hatte ich einen ganz klaren Blick auf mein Verhaltensmuster. Ich sah, dass ich immer dann viel Anerkennung bekommen hatte, wenn ich Leistung gezeigt hatte. In der Folge war mir die Ausbildung, das Studium und vieles mehr in meinem Leben perfekt gelungen. Daher hatte ich einen sehr hohen Anspruch an mich selbst. Für mich war es selbstverständlich, volle Leistung im Beruf zu zeigen, innovative Projekte zu entwickeln und parallel alles für meine Familie zu geben. Doch das forderte seinen Tribut. Das Pendel zwischen überglücklich, tief zufrieden und abgespannt schlug immer heftiger aus. Mir wurde bewusst, dass ich dabei war, einen sehr hohen Preis für dieses Lebenskonzept zu zahlen. Bei genauem Hinsehen einen *viel zu hohen* Preis!

Plötzlich konnte ich die Tränen nicht zurückhalten. Sie rollten und rollten. Schweigend schob er mir ein Päckchen Papiertaschentücher hin und wartete ab. »Du weinst um einen Verlust. Was betrauerst du im Herzen?«, fragte er mich schließlich.

Er hatte den Nagel auf den Kopf getroffen, und ich wusste jetzt auch, was mich so traurig machte. Es waren die verpassten Stunden, in denen ich meinen Kindern keine Bücher hatte vorlesen können, weil ich in einer Sitzung gesessen hatte. Es war die Unausgeglichenheit, mit der ich häufig reagierte, obwohl mein Mann anderes verdient hatte. Es war die innere Abwesenheit in abendlichen Gesprächen, bei denen ich gedanklich noch arbeitete, obwohl ich zu Hause war. Ich trauerte um die unbekümmert-fröhlichen Treffen mit Freunden, für die ich zu wenig Zeit hatte.

Es fühlte sich an jenem Novembertag an, als könnte ich durch ein offenes Fenster weit ins Land meines Lebens schauen, und da gab es eine Morgenröte fern am Horizont: Ich war nicht dazu verdammt, so weiterzumachen wie bisher. Ich musste nicht erst nach Kanada auswandern. Ich konnte hier und heute etwas verändern.

Die Entscheidung, mir selbst, meiner Familie und den Menschen, die mir am Herzen liegen, mehr Aufmerksamkeit zu geben, lag bei mir. Das wurde mir überdeutlich bewusst. Und so war ich bereit, einen neuen Satz zu formulieren, der mich leiten sollte. Es wurde ein Satz, der mir ein Fundament wurde, aber auch zu mehr Klarheit und Ausrichtung verhalf. Und der mir ermöglichte, ganz neu Verantwortung für mein Leben zu übernehmen.

Dieser Satz hieß: »Ich bin geliebt, so wie ich bin, und ich bestimme, wie viel ich zu geben bereit bin.«

Im Anschluss an das Gespräch ging ich noch nicht nach Hause, sondern in ein Café und bestellte mir einen Cappuccino. Das kunstvolle Herz im cremigen Milchschaum schien der Barista extra für mich gezaubert zu haben. Der Satz, den ich für mich gefunden hatte, war einer, der mich im Herzen berührte, der mich entlastete und mir die Erlaubnis gab, nicht mehr allen Menschen und Anforderungen gerecht werden zu müssen. Ich zückte mein Tagebuch und schrieb auf, was ich an diesem Tag gelernt hatte. Mir war bewusst, es würde mein Leben wandeln. Und so kam es tatsächlich.

Nicht ganz plötzlich, aber Schritt für Schritt. Ich entschied mich an jenem Tag, künftig achtsamer zu sein und so zu leben, dass ich nie wieder betrauern müsste, etwas zu verpassen, was mir wirklich wichtig ist.

Ein Jahr darauf kündigte ich meine Stelle. Wir verkauften das meiste, was wir besaßen, um Geld für unser Projekt zu haben, und starteten in ein großes Abenteuer: 365 Tage Familienzeit im wilden Westen Kanadas. Es ging nicht mehr um die Flucht vor etwas, sondern um das, was wir in unserem Leben auch noch erleben wollten: die unberührte Wildnis, den kanadischen

Pioniergeist, die raue Herzlichkeit von Cowboys, den Zug der Lachse, Wildtiere und einen Winter mit Nordlichtern hoch am Himmel. Ich wollte Geschichten hören und erzählen, am Lagerfeuer zur Gitarre singen, lachen, lieben und Zeit mit meinen Lieblingsmenschen teilen. Und ich wollte ein Buch schreiben über diesen Lockruf des Lebens. Es ging jetzt darum, Kraft und Sinn in der Mitte meines Lebens weiterzuentwickeln. Mich selbst und eine kraftvolle Vision für meine zweite Lebenshälfte zu finden, das war die Aufgabe dieses Jahres. Ich freute mich auf den Reichtum an Zeit und die Weite der Natur, in der ich fündig werden würde.

Ich mache es an dieser Stelle kurz. Wir lernten Cowboys und Pioniere kennen, die eine inspirierende Gemeinschaft bildeten und uns Halt gaben. Bären wich ich respektvoll aus und erkundete auf schmalen Trails die Cariboo Mountains. Die Geschichten, die ich am Lagerfeuer und auf langen Wanderungen erzählte, begeisterten meine Tochter. Wir folgten dem historischen Pfad der Goldsucher nordwärts über majestätische Berge, durch zerklüftete Canyons und die offene Prärie bis hinauf zum Bowron Lake, einem der schönsten Kanureviere der Welt. Im eisigen Winter zogen wir uns ins Blockhaus zurück, und ich fand Zeit, unsere Erlebnisse aufzuschreiben. Wir lernten uns als Paar und als Familie auf neue Weise kennen. Ich begann zu meditieren, spürte, dass Gott längst schon da war, und konnte immer vertrauender und zuversichtlicher auf mein Leben schauen. Sechs Monate nach unserem Aufbruch notierte ich als Resümee meiner Selbsterkenntnis in das Tagebuch: »Ich bin eine glückliche Frau, die froh ist, ihren Traum zu leben. Ich habe die Liebe meines Lebens gefunden und weiß, dass diese Liebe genährt werden will. Ich bin dankbar, drei Kinder, die fantastische Menschen sind, auf ihrem Weg in ein eigenständiges Leben zu begleiten. Ich bin meinen Eltern und meinem Bruder dankbar für die Nestwärme, Liebe und Begleitung. Ich bin eine Frau, die Freiheit braucht, die ihren eigenen Weg geht und die aus dem Glauben Kraft gewinnt. Ich werde Menschen stärken und ermutigen. Ich bin Beate, die Glückliche.«

Begib dich auf die innere Reise

Für mich war diese Zeit in Kanada ein großer Einschnitt, eine Zeit, in der ich innerlich gewachsen bin und meine Kraftquellen erkannt habe. Doch glücklicherweise ist das nicht die einzige Möglichkeit, Selbsterkenntnis zu gewinnen und seine Persönlichkeit weiterzuentwickeln.

Viel wesentlicher als die äußere ist die innere Reise. Dafür brauchst du kein Budget, musst weder umziehen noch kündigen.

Allerdings musst du bereit sein, dir für diese innere Reise Zeit zu nehmen. Richte dir Zeitinseln in deinem Alltag ein, die du gezielt aufsuchst, um zur Besinnung zu kommen. Und du brauchst den Mut, deine üblichen Denkmuster und Haltungen zu hinterfragen. Wenn du Klarheit suchst und dich danach sehnst, in dir zu ruhen, und zugleich deine Welt verändern willst, dann halte inne. Lerne es, ganz in diesem Moment zu sein, sodass sich die Unruhe legt und du ankommst bei dir selbst. Dadurch wirst du die Kraft finden, neu aufzubrechen, kraftvoller, mutiger, aus deinem tiefsten Wesensgrund heraus.

Ich gebe dir ein Bild dafür mit:
Suchende Menschen kamen zu einer weisen Frau. Sie fragten: »Wie finden wir zu Tiefe und Klarheit in unserem Leben? Wie können wir uns selbst besser erkennen?« Die Frau war gerade mit dem Schöpfen von Wasser aus einem tiefen Brunnen beschäftigt. Sie hielt kurz inne, wandte sich den Menschen zu und sagte: »Schaut hinab in den Brunnen. Was seht ihr?« Sie blickten in die Tiefe und antworteten: »Wir sehen nichts!« Da stellte die Alte ihren Eimer auf die Seite, gebot ihnen innezuhalten, und wartete geduldig. Dann sagte sie: »Schaut jetzt in den Brunnen! Was seht ihr?« Die Fragenden schauten hinein und erblick-

ten ihr Angesicht im Spiegel der Oberfläche. »Das ist es, was die Stille uns schenkt«, sagte die Weise. »Nur wer geduldig schaut, wird schließlich bis auf den Urgrund des Brunnens sehen können. Es heißt, man kann sich selbst und seinen Wesensgrund dort finden.«

Coaching-Übung

Lebenshüte – den Hut im eigenen Leben aufsetzen
Um die Rollen aufzuspüren, die du in deinem Leben aktuell unter einen Hut bringen musst, gehe folgendermaßen vor:
Du brauchst ca. eine halbe Stunde Zeit, einen Schreibblock und Stift sowie zehn bis fünfzehn unterschiedliche Kopfbedeckungen.

1. Notiere dir auf dem Papier alle Rollen und Funktionen, die du momentan innehast. Beginne im privaten Bereich (als Frau z. B. Mutter/Tochter/Freundin/Lebenspartnerin oder Ehefrau, …). Dann wechsle in den beruflichen und ehrenamtlichen Bereich. Die Hobbys nicht vergessen. Es geht nicht darum, ob diese Rollen von dir gerne ausgefüllt werden, sondern um eine bewusste Wahrnehmung, in welchen Bezügen du steckst.
2. Schau dir die Liste einige Momente lang an. Jetzt kreise die Rollen ein, die unbedingt erforderlich sind, und anschließend jene, die du gerne ausfüllst. Wenn eine Rolle weder auf das eine noch das andere zutrifft, frage dich ehrlich: Gibt es einen Grund, sie weiter auszufüllen? Auf diese Weise kannst du die Liste schon mal deutlich reduzieren. Für die Rollen, die du weiter ausfüllen möchtest, suchst du jetzt unterschiedliche Hüte – den Sonnenhut für den als Mutter, den Sturzhelm als Sportlerin, die Pudelmütze als Freundin etc. Damit wird sichtbar, wie unterschiedlich diese Anforderungen sind.
3. Nun geht es darum, die Liste noch weiter zu reduzieren. Du kannst unmöglich zeitgleich zehn Hüte aufsetzen. Also:

Welche fünf Hüte nimmst du in die engere Wahl – d. h. welche Rollen willst du aktuell annehmen und ausfüllen? Im Gegenzug: Welche Hüte gibst du weg bzw. räumst sie in den Schrank ganz nach hinten?

4. Nimm jetzt jeden der fünf gewählten »Rollen-Hüte« in die Hand. Überlege dir, warum du diese Rolle annimmst und was du in dieser Rolle gestalten und verwirklichen kannst. Vielleicht machst du abschließend ein Foto von den aktuell gewählten Hüten.

Zum Schluss: Hast du bereits ein konkretes Vorhaben, das dir schon lange im Kopf herumgeht? Wenn dem so ist, dann frage dich: Wie sähe dieser Rollen-Hut aus? Wie fühlt es sich an, ihn zu tragen? Wie würde er zu den anderen Hüten deines Lebens passen? Das hilft dir, dich gedanklich darauf vorzubereiten, wie es sein wird, wenn du den Schritt gewagt hast.

Kapitel 3

Befreiung:
Ganz anders kann ich leben

> »Wir brauchen nicht so fortzuleben, wie wir gestern gelebt haben. Machen wir uns von dieser Anschauung los, und tausend Möglichkeiten laden uns zu neuem Leben ein.«
> Christian Morgenstern

Die ersten beiden Kapitel waren herausfordernd, oder? Sich dem eigenen Leben und dem, was uns ausmacht, in so komprimierter Form zu stellen, ist nicht leicht. Bist du dir nähergekommen? Dir und dem, was dich ausmacht? Dem, was du möchtest?
In diesem Kapitel geht es um Klarheit. Um die Fragen: Wohin sollen meine Schritte nun gehen? Was fange ich an mit dem, was ich über mich herausgefunden habe? Es geht darum, deinem Traum einen Namen zu geben und vom »ich könnte« zum »ich werde« zu gelangen. Falls du denkst: Oh nein, das wird ja noch mal anstrengender – keine Sorge, denn um herauszufinden, wo es nun hingeht, ist erst mal eines wichtig: Ruhe! Meiner Erfahrung nach brauchen gute Visionen vor allem Stille, um zu reifen. Und dann brauchst du Freiraum, um das, was du spürst, einzuordnen und aufzuschreiben. Oft gibt es dabei einen spirituellen Moment der Erkenntnis, den ich als ein Geschenk bezeichne. Denn wir können uns einer Erkenntnis nur annähern, ihr den Weg bereiten. Erzwingen funktioniert nicht.
In diesem Abschnitt geht es darum, wie wir uns den Freiraum schaffen können, damit unsere Träume in uns reifen und Gestalt annehmen.

Du darfst Vertrauen haben

Ich erinnere mich sehr gut daran, dass ich mit Mitte vierzig nicht genau wusste, wie mein Leben weitergehen sollte. Ich war suchend, spürte, dass es an der Zeit war, danach zu fragen, welche Träume und Visionen in meinem Leben noch offen waren. Ich ahnte, dass

es ein Zu-spät geben kann, wenn ich mich jetzt nicht auf den Weg mache. Doch ich konnte den konkreten Weg nicht sehen, wusste nicht genau, wohin die Reise stattdessen gehen sollte.
Vielleicht geht es dir ähnlich. Du weißt nicht genau, was sich ändern soll. Doch du sehnst dich danach, immer stärker in Übereinstimmung mit dem zu leben, wofür dein Herz schlägt. Und zugleich ist da diese Angst, alles aufs Spiel zu setzen, was du bisher erreicht hast. In solchen Zeiten fühlen wir uns zerrissen zwischen vernünftig-berechenbaren Lebensplänen, die man viele Jahre verfolgt hat, und unseren Herzenswünschen, die dabei häufig zu kurz gekommen sind, weil sie uns riskant oder unvernünftig erschienen. Doch sie tauchen immer wieder in unseren Träumen auf, sie versetzen uns in freudige Erwartung und lassen unsere Augen leuchten. Ganz anders könnte man leben. Wie aber soll man herausfinden, was jetzt dran ist?
Nachdem wir seit Monaten unzählige Gespräche über unsere Zukunft geführt hatten und nicht wirklich zu einer Entscheidung kamen, nahmen mein Mann und ich uns eine Woche Auszeit. Manchmal hilft es, das gewohnte Umfeld zu verlassen und an einen Ort zu gehen, der schon andere Menschen inspiriert hat. Wir fuhren ins italienische Assisi, um Klarheit zu finden. Der in den grünen Hügeln Umbriens gelegene Ort ist solch eine inspirierende Umgebung. Im zwölften Jahrhundert wurde Giovanni di Pietro di Bernardone dort geboren, besser bekannt als Franz von Assisi. Der inzwischen heiliggesprochene Francesco erlebte seinen inneren Auf- und Umbruch nicht erst mit vierzig, sondern bereits mit Anfang zwanzig. Auf seinen Spuren also waren wir unterwegs.
Wir schlenderten über die Piazza von Assisi, durch stille Gassen und sonnige Olivenhaine. Der Gedanke, dass jeder von uns, so wie Franziskus, seiner eigenen Herzensstimme folgen kann, begleitete uns auf Schritt und Tritt. Er machte die Tage zu einer außergewöhnlichen Zeit. Früh am Morgen saß ich in menschenleeren Kapellen und hatte Zeit, zu Gott und zu mir selbst zu kommen. Bei einem aromatisch duftenden Espresso im Schatten der alten Gemäuer sinnierten wir darüber, was die Würze

des Lebens für uns ausmacht und wie viel oder wenig Luxus man braucht, um glücklich zu sein. Die ungewöhnliche Mischung aus Alleinsein und intensiven Gesprächen als Paar, die Spuren des Franziskus, auf die wir an vielen Orten stießen – alles brachte uns ins Nachdenken und rührte zugleich das Herz an. Die Woche wurde zu einer kostbaren inneren Erfahrungsreise. Am vorletzten Tag stiegen wir auf den knapp eintausend Meter hohen Hausberg Assisis, den Monte Subasio. Dort oben suchten wir uns einen abseits gelegenen Felsvorsprung, von dem aus wir weit ins Land hineinschauen konnten. Ich sehnte mich nach so einem Weitblick über mein Leben. Doch zugleich erkannte ich, dass ein Wandel nicht von heute auf morgen stattfindet. Und auch bei Franziskus gab es den Weitblick nicht in Form einer Erleuchtung. Die Klarheit entwickelte sich auf dem Weg, es gab sie nicht als Vorschuss. Franziskus musste einen ziemlich schmerzhaften Bruch mit seiner Familie überstehen. Doch er folgte kompromisslos seinem Herzen. Im Innersten wusste er sich von Gott geleitet.

Wir suchten weder einen Bruch mit jemandem noch den Ausstieg aus unserem recht angenehmen Leben – und schon gar nicht die Armut und Ehelosigkeit, die Franziskus wählte.

Ich habe in dieser außergewöhnlichen Woche begriffen, dass ich mir Zeit lassen kann. Niemand, auch nicht ein Franziskus, hat sein Leben urplötzlich verändert.

Wer spürt, dass eine Wandlung dran ist, der braucht sich weder zu fürchten noch zu beeilen.

Wir müssen lediglich achtsam dafür sein und danach fragen, wie es Schritt für Schritt gehen kann. Es ist ein Prozess, der seine Zeit braucht, auch wenn wir es gerne rascher hätten. Aus Assisi kehrte ich mit der Erkenntnis zurück, dass es darum geht, dranzubleiben und zu vertrauen, dass sich der eigene Weg zeigen wird.

Vielleicht geht es dir gerade ähnlich wie mir damals. Du weißt nicht genau, was sich ändern soll, doch du sehnst dich danach, immer stärker in Übereinstimmung mit dem zu leben, wofür dein Herz schlägt. Wie aber soll man herausfinden, was jetzt dran ist?

Zuerst möchte ich dir für deine persönliche Suche ans Herz legen: Lass nicht locker, stelle deine Fragen wieder und wieder und zwar so lange, bis du eine für dich befriedigende Antwort gefunden hast.
In diesem Abschnitt wirst du Übungen und Impulse finden, die dich bei der Suche unterstützen. Nicht jede und jeder kann für eine Woche nach Assisi fahren. Das Gute ist: Das ist auch gar nicht nötig. Wichtig ist es, sich zu öffnen und mit suchendem Herzen unterwegs zu sein. Dann wird der Traum sich zu einer inneren Erkenntnis und Klarheit weiten, der du folgen kannst.

Wage es zu träumen

»Ich schließe meine Augen, um besser zu sehen«, soll der französische Maler Paul Gauguin gesagt haben, und genau dazu lade ich dich jetzt ein. Zu einer kleinen Traumreise. Stell dir vor, du liegst sanft schaukelnd in einem bequemen Hängesessel unter einem alten Baum. Es gibt nichts zu tun. Du bist zeitreich und blinzelst versonnen in das grüne Blättermeer über dir. Sonnenstrahlen schimmern hindurch, und du kommst ins Träumen. Es gibt so viele Optionen im Leben. Was würde dich noch locken? Wie wolltest du schon immer mal leben? Wer soll dich dabei begleiten? Wem oder was willst du gerne begegnen? Was reizt dich, es auszuprobieren? Worauf bist du neugierig? Ein Baumhaus bewohnen, eine Tauchschule am Roten Meer betreiben, eine Alm inmitten schneebedeckter Gipfel bewirtschaften und hungrige Wanderer an Leib und Seele stärken? Entwickelst du mit kreativen Menschen zusammen eine App in einem Co-Working-Space? Kümmerst du dich um hilfsbedürftige Menschen, stehst du hinter dem Tresen eines veganen Bistros in einer lebendig pulsierenden Großstadt oder nimmst du einen der vielen Pilgerwege unter die Füße? Welche inneren Bilder tauchen auf, wenn du dir das Träumen erlaubst?

Bei mir sieht das so aus, dass ich in einem Holzhaus mit ausladender Terrasse wohne. Der Blick geht hinaus auf den See und die Berge. Am Morgen weckt mich der helle Schrei des Adlers, der seinen Horst in der harzig duftenden Zeder neben meinem Haus hat. Der Adler und ich, wir lieben den Weitblick. Ich sitze in einem dieser wuchtigen Holzstühle mit hoher Rückenlehne und breiten Armlehnen, auf der ich meine Tasse Tee abstelle, und schaue über den See. Ich höre die Wellen plätschernd an den Strand rollen und freue mich über die silbergrauen, abgeschliffenen Treibholzstämme, die am sandigen Ufer liegen. Und wie der Rahmen eines überdimensionalen Gemäldes umsäumen die bewaldeten, grünen Bergketten diese Kulisse.

Es fühlt sich leicht an, dieses Lebensgefühl. Der perfekte Ort, an dem ich schreiben und beraten kann. An manchen Tagen kommen Menschen zu mir, auf der Suche nach Orientierung und Klarheit in ihrem Leben. Wenn sie gegangen sind, bleibe ich zufrieden zurück in der Gewissheit, dass sie die Welt dort, wo sie sind, zu einem besseren Ort machen werden und ich einen Anteil daran habe.

Doch das mit dem Träumen ist gar nicht so einfach. Irgendwann wird man unruhig. Ich jedenfalls kann dann die Stimme in meinem Inneren nicht länger ignorieren: »Träum nicht rum! Du bist nicht im Café am Rande der Welt. Wenn es so einfach wäre, würde es jeder machen!«

Und weg ist der Zauber. Der Alltag hat mich wieder und kommt mir so eintönig vor. Ich sehne mich nach bunt.

Kennst du das auch? Ich frage mich dann: Warum können wir als Erwachsene so schlecht in den Tag träumen? Mit unseren Gedanken farbenfrohe Bilder entwickeln? Einfach so? Wie Kinder, die mit Fingerfarben übermütig und fantasievoll experimentieren, ohne dass ihnen jemand dabei etwas über Perspektivwahl, Farbspektren, den Goldenen Schnitt oder Kunstgeschichte abverlangt. Sich verlieren in inneren Bildern und bewusst in den Tag träumen scheint unschicklich zu sein. Warum eigentlich? Vielleicht liegt es an der scheinbaren Nutzlosigkeit. Kindern gestehen wir es noch zu, uns Erwachsenen eher nicht. Und das ist der Grund, warum ich dich hier ausdrücklich dazu einlade, dir das Träumen wieder zu erlauben. Ich glaube, dass Paul Gauguin deshalb davon spricht, die Augen zu schließen, um besser sehen zu können.

Große Ideen müssen reifen dürfen, ohne sofort einem Realitätscheck unterzogen zu werden.

Wer immer gleich nach der konkreten Umsetzung fragt, macht sich den Traum kaputt oder klein. Und damit verliert er seine Sogwirkung. Es fallen uns tausend Möglichkeiten ein, warum etwas nicht funktionieren kann und was das große Aber dabei ist. Ich weiß, wie unklug das ist, denn ich bin Spezialistin im kritischen Fragen. Zum Glück holt mich mein Mann dann direkt aus der selbst gemachten Denkfalle, indem er mich fragt, ob dieser Gedanke jetzt ein hilfreicher ist. Kleiner Tipp: Wenn es dir ebenso geht, wenn du dir ausmalst, wie du eigentlich gerne leben willst, was möglich sein könnte ... dann achte mehr als bisher auf deine Gedanken. Was ist das wiederkehrende Motiv dabei? Ist es die Ruhe, die Natur, die Lebendigkeit, die Selbstbestimmung, das Fremde, was du im Grunde suchst? Und wenn dir auffällt, dass du dir mitten im schönsten Tagtraum selbst »Steine« in den Weg legst, indem du nach der Machbarkeit fragst, dann stelle dir nur eine einzige Frage: »Stärkt dieser Gedanke meine Kraft und hilft er mir, der Umsetzung meines Traumes näher zu kommen?« Wenn du das mit »Nein« beantwortest, dann überlege dir, ob du diesen Gedanken lieber energisch stoppst. Er ist ein Krafträuber, dem du selbst die Tür öffnen würdest. Du entscheidest, wen du hereinlässt.

Inseln der Ruhe im Meer des Alltags aufsuchen

Hirnforscher und Psychologen betonen längst, wie wichtig Zeiten des absichtslosen Verweilens, des Nichtstuns sind. Gerade in Phasen, in denen wir uns damit beschäftigen, wie unser Leben sich verändern könnte.

Schon für fünf Minuten vom Schreibtisch aufstehen, ans Fenster treten und Wolken, Wind, Licht bewusst beachten, das ist wie ein Urlaubsmoment. Wenn wir dabei tief durchatmen, führen wir unserem Körper eine ordentliche Menge Sauerstoff zu. Das entspannt und konzentriert. Plötzlich wird einem bewusst, dass die dringenden Dinge nicht immer wichtig sind. Man kann innerlich förmlich einen Schritt zurücktreten und gewinnt eine andere Perspektive auf sich und seine Umwelt. Wer stattdessen gekrümmt am Bildschirm hocken bleibt, atmet flacher und tankt weniger Sauerstoff. Das ist fatal, denn tief zu atmen hat eine unmittelbare Wirkung auf unser Denken und Stressempfinden. Je bewusster wir atmen, desto besser können wir aus stressigen Situationen herausfinden und klarer entscheiden, was uns jetzt weiterhilft und guttut.

Halte doch einmal kurz inne und atme tief ein, während du gedanklich langsam bis fünf zählst. Pausiere einen Moment und atme langsam aus, während du bis sieben zählst. Bis sieben? Ja, genau. Es kommt wesentlich darauf an, länger aus- als einzuatmen, wenn du deinem Körper aus der Anspannung heraushelfen und dich mental beruhigen willst. Nicht umsonst sagen wir in stressigen Situationen: »Da muss ich erst mal tief durchatmen.« In der biblischen Schöpfungserzählung ist die Rede davon, dass der Mensch den Atem Gottes eingehaucht bekommt. Es ist ein schöner Gedanke, unseren Atem als etwas Kostbares, ja, Göttliches zu betrachten. Unzählige Studien und Forschungen widmen sich dem Zusammenhang von Atmung und mentaler Kraft. Egal ob du das für die Vorbereitung von Prüfungen, Bewerbungen, Krisengesprächen, sportlichen Wettkämpfen oder für die persönliche Neuausrichtung nutzt, es ist eine der besten Möglichkeiten, den eigenen Gemütszustand gezielt positiv zu beeinflussen. Wer es einmal erlebt hat, wie sich die Unruhe löst, Gedanken sich klären und sich damit wieder ein weiter Horizont statt des gedanklichen Tunnelblicks einstellt, der wird mehr davon wollen.

Ich habe für meinen Alltag kleine Rituale entwickelt, in denen ich offline bin und neue Kraft gewinne: vor dem Essen still werden, danken für das, was mich nährt, und mich verbunden wissen mit denen, die Anteil an dem haben, was meinen Teller füllt; oder am Morgen mit einer Tasse Tee auf einem Stuhl sitzen und den Himmel beobachten, der sich langsam immer heller färbt.

Am Mittag nutze ich den Klang der Glocken im Ort, um gezielt innezuhalten, die Hände in den Schoß zu legen und ganz im Jetzt zu sein. Schon fünf oder zehn Minuten Stille helfen mir, mich zu erden und danach wieder fokussiert zu arbeiten, mich auf eine neue Person oder einen nächsten Termin einzustellen.

Momente, in denen wir offline gehen und uns Stille erlauben, sind kostbar. Denn genau da können uns tausend neue Möglichkeiten begegnen, die uns zu neuem Leben einladen.

Achtsamer atmen – bewusster leben

Jetzt verstehst du bestimmt, warum ich behaupte, unser Atem ist einer der stärksten Faktoren für ein kraftvolles Leben. Und wir haben unseren Atem überall dabei. Egal wo du bist, du kannst dir den natürlichen Rhythmus immer wieder bewusst machen. Ich mache dir Mut, deinen Atem mit kleinen, täglichen Übungen zu trainieren. Auch das wird dazu führen, dass du entspannter und überlegter reagierst. Darüber hinaus macht es uns staunender, liebevoller und neugieriger. Jede Form der Atemmeditation beginnt ganz klein. Daher stelle ich dir die kürzeste Version, die »Eine-Minute-Meditation« vor. Ausdehnen kannst du sie beliebig.
Vorbereitung ist keine notwendig, die Übung ist überall anwendbar – sogar in einer nervigen Sitzung, sofern du die Augen dabei nicht schließt, sondern dich nur innerlich zurücknimmst.

Setz dich aufrecht und dabei entspannt hin. Atme durch die Nase ein und spüre dabei den leichten Luftzug im Inneren der Nasenwand. Mit jedem Atemzug strömt frischer Sauerstoff zu dir, füllt deine Lungen, deinen Körper und nimmt das Verbrauchte mit sich mit. Lass diesen Atem durch die leicht geöffneten Lippen ausströmen. Lege die Hände dabei locker in Höhe des Bauchnabels auf deinen Bauch und spüre, wie sich deine Bauchdecke leicht nach außen wölbt, während die Atemluft in dich hineinströmt und wie sie nach innen geht, während du ausatmest. Folge dem Ein- und Ausatmen mit deiner Aufmerksamkeit, ohne den Rhythmus deines Atems dabei zu verändern. Schenke dir mit jedem Ausatmen ein inneres Lächeln der Dankbarkeit, denn dein Lebensatem kommt und geht – ganz ohne dein Zutun. Er ist deine pure Lebenskraft, die du dir damit bewusst machst. Zugleich kommst du aus dem Stress heraus, wenn du länger aus- als einatmest. Erinnere dich daran, bis fünf beim Einatmen und bis sieben beim Ausatmen zu zählen.

Wer auf so eine Weise in sich selbst ruhen kann, der erlebt häufig eine ungeahnte Tiefe dabei. Erkenntnis und Klarheit stellen sich am leichtesten dann ein, wenn wir es schaffen, zur Ruhe zu kommen. Mit anderen Worten: Wenn du schweigst, hat Gott die Möglichkeit zu sprechen. So sah es der Mystiker und Theologe Johannes Tauler und formulierte vor mehr als fünfhundert Jahren: »Soll Gott sprechen, so müssen alle Dinge schweigen.« Erinnerst du dich an die Geschichte der weisen Frau im letzten Kapitel? Es ist die gleiche Erkenntnis, nur mit anderen Worten.

Wenn wir uns die Zeit nehmen, das Lassen zu praktizieren, verlassen wir die kreisenden Gedanken und damit ängstliche Vorahnungen, die uns vom wirklichen Leben abhalten.

Wer Inseln der achtsamen Ruhe in seinem Alltagsmeer einrichtet, wird erleben, wie wohltuend es ist, immer häufiger im Jetzt

zu sein und damit in seiner Kraft zu wachsen, um seine Zukunft zu gestalten.
Manchmal mögen Dinge anders sein, als wir uns das wünschen. Doch was uns tatsächlich die Kraft raubt, sind nicht die Umstände, sondern unsere Sorge vor dem, was kommen könnte, oder der Ärger über das, was war. Probiere es selbst aus und erlebe, wie du damit ruhiger und innerlich unabhängiger von den Bewertungen anderer wirst. Wir kommen in Kontakt mit der Kraft, die in uns wohnt. Es beginnt schon damit, dass wir uns körperlich viel intensiver spüren. Dass der Rücken angespannt oder die Kiefermuskeln viel zu gepresst sind, bemerke ich erst, wenn ich meine Aufmerksamkeit darauf richte. Aber auch dass das Herz ohne mein Zutun schlägt und der Atem bis in den Bauch oder in die Lenden strömt, bemerke ich nur, wenn ich darauf achte. Und das tut richtig gut – seelisch wie körperlich. Erstaunlich ist, dass Zeiten achtsamer Präsenz unser Gehirn förmlich nebenher ordnen. Wir geben unserem Gehirn Gelegenheit, sich neu zu sortieren, zu ordnen, Informationen abzulegen oder zu komprimieren. Es wird »Speicherplatz« frei, den wir dringend benötigen, um Neues aufzunehmen und einfallsreich zu bearbeiten, ähnlich einer Festplatte, die defragmentiert wird. Und genau das ist eine wesentliche Voraussetzung, willst du kraftvoll in eine neue Lebensphase aufbrechen.

Coaching-Übung

Ein achtsames Morgenritual

Mich selbst begleitet der nachfolgende Text seit vielen Jahren morgens in den Tag. Du kannst ihn für dich umformulieren und mit eigenen Bewegungen passend für dich gestalten.
Zuvor bitte ich dich, fünf bis zehn Minuten eine Zeit der Stille zu haben.
Atme tief ein und noch länger aus. Bleibe mit deiner Aufmerksamkeit bei diesem Atmen. Stell dir vor, wie die neue Kraft des jungen Morgens in dich einströmt und

alles, was dich bedrückt oder sorgt, mit dem ausströmenden Atem von dir wegfließt. Beende diese Atemmeditation damit, dass du dir bewusst machst, was jetzt, in diesem Moment gut ist, und gib der Dankbarkeit dafür Raum. Dann steh auf und sprich den folgenden Gebärdensegen für dich selbst laut und klar:
Komm, Schöpfergott/Kraft des Lebens,
(die Arme nach vorne ausbreiten mit einer einladenden Geste)
erfrische mich, wie Tau am Morgen,
(sich von Kopf bis Fuß sanft abstreichen)
öffne mich,
(Arme weit ausbreiten und sich dem Tag mit seinen Aufgaben zuversichtlich zuwenden)
halte mich, *(Arme über dem Oberkörper kreuzen und umfassen)*
fülle mich, *(Hände zu einer Schale formen und gedanklich beschenken lassen mit dem, was ich heute dringend nötig habe)*
hier bin ich. *(Hände in einer offenen, segnenden Weise erheben und sich in den Kraftstrom Gottes stellen – durch mich hindurch darf Gutes zu anderen fließen)*

Wer sich regelmäßig in die Kraft des größeren Ganzen stellt, der öffnet sich mit seinen Fähigkeiten und mit seiner Person für Möglichkeiten, die das eigene Wollen übersteigen. Das bedeutet, ich erkenne an, dass ich in Gottes Kraft geborgen und vom Leben gewollt bin. Lass dich beschenken, statt alles selbst machen zu wollen. Du wirst erleben, dass dir damit eine Last genommen wird und neue Kraft zuwächst.

Der rote Faden

Ich glaube, es ist an der Zeit, dass wir das Leben von der Leine lassen. Wir brauchen tatsächlich nicht so fortzuleben, wie wir bisher gelebt haben. Es liegt bei dir und mir, wofür wir uns entscheiden und worauf wir uns ausrichten.

Du hast dich selbst kennengelernt, hast dir Zeit genommen zum Träumen. Die Grundlagen sind gelegt. Nun heißt es, den »roten Faden«, das wesentliche Motiv oder das tragende Element in unserem Leben zu erkennen. Ich habe gelesen, dass diese Rede vom »roten Faden« darauf beruht, dass die königlich-britische Marine Mitte des 18. Jahrhunderts begann, einen roten Faden in die Taue einzuarbeiten. Dieser Faden war eine Art Diebstahlschutz in der Seefahrt. Man sah nämlich sofort, wem das Tau gehörte, und konnte es nicht unbemerkt anderweitig nutzen. Wollte jemand den roten Faden entfernen, ging das nicht, ohne das Tau zu zerstören.

Diesen roten Faden, das, was unser Leben einzigartig und unvergleichlich persönlich macht, gilt es für sich zu finden.

Eine der besten Möglichkeiten besteht darin, ein Tagebuch zu führen. Es hilft, die Ausrichtung zu finden, sich zu reflektieren, bewusster und vor allem auch dankbarer zu leben.
Ich bekam mein erstes Tagebuch jenseits der vierzig. Mein Bruder schenkte mir das edle schwarze Buch mit dem Hinweis darauf, dass so etwas ein Muss für alle kreativen Köpfe sei, um eigene Gedanken, schöne Zitate, Weisheiten und Visionen zu notieren. Und irgendwie hat es einen Nerv bei mir getroffen, sodass diese Tagebücher inzwischen zu meinen Lebensbegleitern geworden sind. Sie sind ein roter Faden für mich, weil ich darin den Spuren meiner Gedanken hin zu den noch unverwirklichten Träumen oder Werten folgen kann. Ich kann nachvollziehen, wie lange zurückliegende Impulse zu Entscheidungen in meinem Leben führten. So manche biografische Weichenstellung wird damit klar.
Und das gilt nicht nur rückwärts betrachtet. Denn dass wir unser Leben verändern können, wenn wir unsere Einstellungen und unser Denken verändern, erkannte vor über einhundert Jahren der amerikanische Arzt und Philosoph William James.

Heute wissen nicht nur die Spezialisten, dass es sich lohnt zu beobachten, was wir wann denken, es zu reflektieren und aufzuschreiben. Denn indem wir schreiben und unsere Gedanken zu Papier bringen, entwickeln wir das Gedachte kreativ und visionär weiter.

Tagebücher sind ein wunderbares Medium dafür. Eines meiner alten Tagebücher beginnt mit kunstvoll gemalten Buchstaben. »Gott ist schon da«, schrieb ich auf die erste Seite als eine Art Ouvertüre für das nächste Lebensjahr. Für mich ist das die Kurzfassung, also eine Art Twitter-Nachricht eines der bekanntesten Psalmen der Bibel, Psalm 139. Dort heißt es: »Nähme ich die Flügel des Morgenrots, ließe ich mich nieder am Ende des Meeres, auch dort würde deine Hand mich leiten und deine Rechte mich ergreifen.«

Dieses tiefe Vertrauen, geborgen und geleitet zu sein, sollte der rote Faden für dieses Jahr sein. Wenn ich heute durch das Buch blättere, schaue ich fast ehrfürchtig auf die Erlebnisse und Gedanken, die ich notiert habe, denn jener rote Faden ist klar erkennbar. Obwohl wir stets nach vorne leben, verstehen wir manche Zusammenhänge rückwärts betrachtet viel besser. Das macht es für mich so spannend, in den alten Tagebüchern zu lesen.

Wie oft sagen wir, es wäre leichter, den nächsten Schritt zu gehen, wenn wir wüssten, dass wir nicht scheitern können. Doch ich glaube, sogar dieses Nichtwissen, ob etwas erfolgreich ist, und die damit verbundene Unsicherheit hat ihren Sinn.

Manchmal bereichert uns unverhofft auch das Scheitern, denn wir erleben, dass wir an Schwierigkeiten wachsen, sofern wir sie bewältigen können.

Vielleicht kann dich im Blick auf die Angst vor dem nächsten Schritt der heilsame Satz leiten, der auch mir geholfen hat,

vertrauensvoll Schritt für Schritt zu wagen: Gott ist schon da!
Egal wohin du gehst und wofür du dich entscheidest, das Leben ist gut, auch wenn es nicht vollkommen ist. Zu dieser Sichtweise und Lebenshaltung lade ich dich ein und deshalb lohnt es sich, die eigenen Möglichkeiten ganz neu wahrzunehmen.

Den Möglichkeitssinn entwickeln

Jede und jeder von uns hat eine Menge an Möglichkeiten, nur sind wir uns ihrer häufig kaum bewusst. Neulich kam eine Frau zu mir, die sich in einer Sackgasse fühlte. Ihr Leben erschien ihr so eng und vorgezeichnet und sie sah keine Spielräume. Seit Jahren lief es so ab, dass sie ihrem Mann abends das Essen bereitete und dafür zu einer bestimmten Zeit zu Hause sein wollte. Das wiederum nahm ihr die Möglichkeit, einen Fitnesskurs zu belegen, sich fortzubilden oder mit Freundinnen etwas zu unternehmen. Sie hatte Angst davor, Routinen umzustellen oder mit ihrem Mann neu auszuhandeln. Gemeinsam nahmen wir ihren Alltag und ihre Beziehungen unter die Lupe. Eine wunderbare Coachingfrage heißt: Was noch? Also welche Möglichkeit hast du außerdem? Was kannst du trotzdem tun? Was geht darüber hinaus auch noch?
Ich nenne es, den Möglichkeitssinn zu entwickeln. Wer begreift, dass es kleinste oder auch größere, bisher nicht genutzte Möglichkeiten gibt, der dreht in der Sackgasse um und wird mutig, nach neuen Wegen zu suchen. So wie diese Frau, die es schaffte, ihre Arbeitszeiten innerhalb der Woche anders zu verteilen, und sich dadurch einen freien Nachmittag schuf, an dem sie ihren Interessen in aller Freiheit nachgehen konnte, ohne den gewohnten Ablauf in ihrer Familie ändern zu müssen. Wenn das auch für dich eine gute Idee ist, dann lade ich dich dazu ein, deinen Möglichkeitssinn zu trainieren. Das beginnt ganz einfach damit, konkret aufzuschreiben, was du selbst beeinflussen oder entscheiden kannst.

Hier meine aktuellen Möglichkeits-Favoriten:
Ich habe die Möglichkeit, meinen Fokus auf das Gute und Stärkende in meinem Leben, meiner Arbeit, meinen Beziehungen zu richten.
Ich habe die Möglichkeit, mit weniger zufrieden zu sein, als mir die Werbung einredet.
Ich habe die Möglichkeit, heute als den ersten Tag vom Rest meines Lebens zu betrachten und etwas für die Zukunft zu ändern.
Ich habe die Möglichkeit, störende Gedanken wahrzunehmen, mich davon zu distanzieren und gegenwärtig zu sein.
Ich habe die Möglichkeit, loszulassen, was mich gekränkt hat.
Ich habe die Möglichkeit, zu akzeptieren was ist, statt mich dagegen aufzulehnen.
Kannst du diese Fülle der Möglichkeiten erkennen? Wir müssen nicht zwangsläufig genauso weiterleben, wie wir bisher gelebt haben. Wir haben die Freiheit, jetzt danach zu fragen, was für uns selbst dran ist. Du brauchst nämlich nicht alles, sondern das, was für dich richtig ist. Willst du zu den Menschen zählen, die träumen, um besser einzuschlafen, oder zu denen, die träumen, um endlich aufzuwachen?
Wenn du aufwachen und ins Handeln kommen willst, dann beginne damit, dass du dir Zeit nimmst, um nach innen zu hören und deine Möglichkeiten zu prüfen. Es können schon Stunden genügen, in denen du den üblichen Druck und alle deine Verbindlichkeiten einmal loslässt. Nur aus diesem Abstand zum Alltag heraus kann eine Vision hervorgehen, die dir zum Leitstern für ein erfülltes Leben wird.

Vom Mut, wesentlich zu werden

Und manchmal kommen wir mit Lebensgeschichten anderer Personen in Berührung, die uns ermutigen, auch unsere Möglichkeiten neu zu erkennen und Träume endlich umzusetzen.
Für mich ist Albert Schweitzer solch eine inspirierende Person. Im Studium, wo wir einige von Schweitzers Predigten und theo-

logischen Schriften lesen mussten, wurde mir noch nicht klar, dass Albert Schweitzer derselbe Mann war, der hörenswerte Orgelkonzerte gab, sich als Arzt in einem Tropenkrankenhaus hingebungsvoll um Menschen und Tiere kümmerte, vehement gegen die atomare Aufrüstung protestierte und schließlich 1952 den Friedensnobelpreis erhielt. Erst auf einer Studienreise mit unserem Theologiedozenten in die elsässische Heimat Albert Schweitzers begann ich, dessen Vielseitigkeit zu verstehen. Er hätte ebenso gut Pfarrer, Dozent oder Konzertmusiker werden können. Denn Schweitzer studierte in nur sieben Jahren gleich drei Fächer: Theologie, Philosophie und Orgel. Er promovierte in zwei Fächern, habilitierte in Rekordzeit und bekam zusätzlich zum Pfarramt einen Lehrauftrag an der Universität in Straßburg. Das alles war ja eigentlich erstaunlich genug. Doch nur zwei Jahre später, am 13. Oktober 1905, schrieb Albert Schweitzer seinen Eltern und Freunden, dass er die Absicht habe, Arzt im afrikanischen Urwald zu werden, und daher ein Medizinstudium beginnen werde. Zu diesem Zeitpunkt war er dreißig Jahre alt. Das muss man sich mal vorstellen: ein Professor, der sich an derselben Universität, an der er gelehrt hat, erneut als Student im ersten Semester zum Studium einschreibt. Seine Ankündigung, noch einmal von vorn zu beginnen, schlägt ein wie eine Bombe. Denn damit lässt er alles los, was er sich in den vergangenen Jahren aufgebaut hat. Er pfeift auf eine glänzende Karriere an der Universität und darauf, was andere von ihm denken. Unbeirrt folgt Albert dem, was ihm wesentlich ist, seinem Traum, seinem Herzensweg, seiner Berufung. Acht Jahre später ist das Medizinstudium abgeschlossen. Als Arzt verlässt er Deutschland gemeinsam mit seiner Frau Helene Bresslau, um eine Klinik mitten im afrikanischen Urwald aufzubauen. Was für eine Zielstrebigkeit! Im Albert-Schweitzer-Haus in Königsfeld stoße ich auf Briefe, die Albert an Helene schrieb, als er sich mit dieser Entscheidung herumplagte, ob er noch einmal von vorne beginnen und Medizin studieren sollte. Was ich lese, kommt mir vertraut vor. Ich begegne der Sehnsucht, wahrhaftig zu leben, wirksam und wesentlich zu werden. Das ist die gleiche Sehnsucht, die mir

Menschen anvertrauen, wenn sie meine Begleitung als Coach bei der Neuausrichtung in der Mitte ihres Lebens suchen. Bei Albert Schweitzer hört es sich so an: »Ich will mich aus diesem bürgerlichen Leben befreien, das alles in mir töten würde. Ich will leben, als Jünger Jesu etwas tun.«

Da ist er, dieser Wunsch, ganz anders zu leben. Und auch bei ihm ist das kein plötzlicher Einfall, sondern eine gewachsene Idee. Albert beschreibt es so: »Dieser Gedanke, nicht nur durch die Wissenschaft etwas zu sein, sondern durch das Leben, ist mir zunächst auf unerwartete Weise gekommen. Wie eine kleine Wolke in der Ferne, am Horizont, so erschien es mir. Und jetzt ist die Wolke größer geworden. Ich erwarte etwas anderes, etwas, das mein Leben betrifft! Ich habe nicht mehr den Ehrgeiz, ein großer Gelehrter zu werden, sondern mehr – einfach ein Mensch.«

Einfach ein Mensch! So schlicht und so klar.

Albert hatte diese Sehnsucht, etwas für andere Menschen zu bewegen, schon mit Anfang zwanzig. Jahre später kommt er darauf zurück, so wie viele von uns auf ihre Vorstellungen und Träume der Jugend zurückkommen, wenn ihnen bewusst wird, dass ihre Lebenszeit begrenzt ist.

Unsere Welt wäre eine andere, wenn jede und jeder von uns die Träume umsetzen würde, die wir mit vierzehn geträumt haben.

Dieser Überzeugung Schweitzers schließe ich mich an. Wenn auch du darüber ins Nachdenken kommst und nicht auf den Tag warten willst, an dem du das Gefühl hast, am eigentlichen Leben vorbeizuleben, dann ist es wichtig, spätestens jetzt, in der Mitte deines Lebens, die Spur deiner Träume wieder aufzunehmen, egal wie viel Zeit inzwischen vergangen ist. Es sind wenige, aber wesentliche Fragen, die du für dich klären musst, um dich auf den Weg zu machen:

Was soll bleiben, wie es ist? Was soll sich (wieder) ändern? Wie möchtest du in Zukunft leben und arbeiten? Welche deiner Fähigkeiten und Talente haben bisher zu wenig Aufmerksamkeit bekommen? Was würde sich ändern, wenn du sie ans Licht holst und nutzt? Welche Möglichkeiten hast du dafür? Was wird dann aufblühen?

Verwirklichen lässt sich nur, was wir uns vorstellen können. Und Begeisterung ist dabei ein Motor unseres Handelns. Denn das, was wir begeistert tun, gelingt uns müheloser, und es wird einfach besser. Also wenn der Impuls, deiner Sehnsucht zu folgen, bei dir stark genug ist, dann lade ich dich dazu ein, die nachfolgende Übung zu nutzen. Sie wird dir dabei helfen herauszufinden, wie du deine Träume in deine Wirklichkeit holen kannst.

Bist du dabei?

Coaching-Übung

Im Schuhladen meines Lebens

Joggingschuhe, Wanderstiefel, Arbeitsschutzschuhe, Stiefeletten, Lackschuhe, Schnürschuhe, Gummistiefel, Schläppchen, Sandaletten ...
Der Anlass entscheidet, welches Schuhwerk wir tragen. In Absatzschuhen wird niemand eine Bergtour beginnen und in Gummistiefeln vermutlich keiner eine Sitzung leiten. Wir wählen uns in der Regel Schuhwerk, das dem Zweck dient, das uns nützlich ist und zugleich eine stumme Botschaft aussendet. Ich lade dich ein, im Schuhladen deines Lebens zu wählen, welche Schuhe du für deine nächsten Schritte wirklich brauchst.
Du brauchst dafür deine Schuhe, fünf A4-Blätter, die du nummerierst von 1 bis 5, und dicke Filzstifte.

Schritt 1: Was ist der nächste konkrete Schritt, den du gehen möchtest, um deinem Lebenstraum näher zu kommen

und erfüllter zu leben? Passend zu deiner Wahl suchst du einen Schuh heraus, der symbolisch für diesen Wunsch steht, und stellst ihn auf das Blatt.
Ein Beispiel: Träumst du davon, mehr Sport zu machen und irgendwann sogar einen Langstreckenlauf zu absolvieren? Dann nimm die Turnschuhe.
Willst du einen neuen beruflichen Weg einschlagen und doch noch mal Pädagogik studieren? Dann nimm die Kinderschuhe.

Schritt 2: Notiere auf dem Blatt, was du mit diesem Traum verbindest und warum du ausgerechnet diesen Schuh dafür gewählt hast.
Beispiele: Du möchtest dich als Teamleiterin bewerben – die sportlichen Schuhe aus schönem Leder stehen für Flexibilität, guten Stand und Wertigkeit. Oder du willst endlich wieder mehr Zeit mit deiner besten Freundin, deinem besten Freund haben? Dann stelle die bunten Schläppchen auf das Blatt – sie stehen für Freiraum, Feiern, Gelassenheit und gute Laune.

Schritt 3: Schau dir die fünf Wünsche, die sich in den Schuhen ganz praktisch zeigen, aufmerksam an, und dann ordne sie der Dringlichkeit nach. Welche Veränderung ist in deinem Leben jetzt ganz unmittelbar dran, was kommt danach und was hat noch etwas Zeit?

Schritt 4: Mache ein Foto von diesen Schuhen und hänge es dir gut sichtbar auf, sodass du häufig daran erinnert wirst, was deine nächsten Schritte sind.

Kapitel 4

Widerstand:
Eigentlich würde ich, aber …

»Ich hatte nichts oder ich hatte alles. Es hängt nur davon ab, wie man es erzählen will.«
Michelle Obama

Hast du dir konkrete Schritte überlegt? Weißt du, wohin du gehen willst? Welche Schuhe du dafür benötigst? Dann kennst du das vielleicht: Gerade haben wir uns entschieden, einen mutigen Schritt nach vorne zu machen und etwas zu wagen – und im selben Moment kommen von überall her Bedenken und Zweifel. Vielleicht ist es tröstlich zu wissen, dass es nahezu allen Menschen so geht, die sich trauen, ihre bisherigen Wege zu erweitern, und ihre Komfortgrenze dabei überschreiten. Michelle Obama schreibt in ihrer Autobiografie über ihre Herkunft aus einer arbeitsamen Familie, über ihr Anderssein als Schwarze, als Frau, als Rechtsanwältin und später als First Lady. Und sie fragt die Leserinnen ihres Buches, welche Geschichte sie sich selbst über ihr Leben erzählen. Damit weckt sie die Sehnsucht, zur eigenen Lebensgeschichte zu stehen. Ich fühle mich inspiriert dazu, mutig zu leben, egal, welche Umstände dagegen zu sprechen scheinen. Und mit diesem Kapitel will ich dich einladen, einen echten Unterschied in der Welt zu machen und zum besten Menschen zu werden, der du sein kannst. Denn du kannst dein Leben aus höchst unterschiedlichen Perspektiven heraus betrachten und ob du jammerst oder beherzt vorwärtsgehst, es liegt in deiner Macht.

Ganz schön viel Verantwortung, oder?

Mit der Übernahme dieser Selbstverantwortung tun sich die meisten Menschen schwer. Es bedeutet, voll und ganz für etwas einzustehen, selbst dann noch, wenn es schiefgeht oder anders verläuft, als wir uns das vorgestellt haben. Wichtig ist allerdings zu unterscheiden, wofür wir verantwortlich sind und wofür eben nicht.

Niemand ist verantwortlich für die Familie und die Situation, in die wir hineingeboren sind. Wir können nichts für die Trennung unserer Eltern, für Erbkrankheiten, Unfälle, dafür, dass der Arbeitsplatz verlegt oder digitalisiert wird, und schon gar nicht für das Wetter. Häufig liegt dies alles nicht in unserer Macht. Aber wir sind verantwortlich für die Haltung, *wie* wir uns zu etwas verhalten. Und das beginnt damit, wie wir mit den äußeren und inneren Stimmen umgehen, die als Störmanöver in unseren Aufbruch hineinplatzen.

Blockaden und Störmanöver erkennen

Eigentlich würde ich gerne, aber …
»… das kann niemals funktionieren. Dazu hast du nicht das Zeug.«
»… willst du wirklich alles aufgeben, was nötig ist? Ist es das wirklich wert?«
»… macht es Sinn, in deinem Alter noch mal durchzustarten? Du machst dich doch lächerlich. Und überhaupt: Wieso fällt dir das jetzt erst ein?«
Ich erlebe es in der Beratung häufig, wie sich Menschen in den Krisen ihres Lebens nach einer Veränderung sehnen, dann aber zurückschrecken und jede Menge Einwände finden: die Frau, die so gerne wieder arbeiten möchte, *aber* es sich nicht zugesteht, weil dann niemand zu Hause ist, der die Kinder nach der Schule mit einer guten Mahlzeit empfängt. Oder weil sie sich nicht traut, ihren Mann damit zu konfrontieren, dass er dann mehr Anteile im Familienhaushalt übernehmen müsste.
Oder der Mann, der sich nach mehr Personalverantwortung in seiner Abteilung sehnt, *aber* es nicht wagt, den Vorgesetzten ganz konkret daraufhin anzusprechen, weil er davon ausgeht, dass man gefragt werden muss, statt sich anzubieten.
Der Unternehmer, der sich nach mehr Herzlichkeit und körperlicher Nähe seiner Frau sehnt, der *aber* sein Selbstbild vom souveränen Alleskönner nicht aufgeben kann und sich davor scheut, seine Bedürfnisse auszusprechen.

Ich kann das gut verstehen. Uns alle verbindet die Angst zu scheitern, wenn wir uns in unbekanntes Terrain vorwagen. Angst ist eine Meisterin der Verhinderung. In kürzester Zeit baut sie Mauern auf zwischen unserer Sehnsucht und der Tatkraft zur Verwirklichung.

Damit trennt sie uns von dem Leben, das wir gerne führen möchten. Angst und deren Begleiterin, die Unsicherheit, hindern uns daran, vorwärtszugehen, notwendige Entscheidungen zu treffen und einfach mal etwas zu wagen, statt alles nur im Kopf abzuwägen.
Versteh mich nicht falsch: Angst ist notwendig. Sie hält uns davon ab, uns kopfüber ins nächste Abenteuer zu stürzen, ohne vorher zu bedenken, was es uns kosten kann. Sie hilft uns, alles noch einmal zu prüfen, sodass wir am Ende wirklich sicher sind, das Richtige zu tun. Manchmal haben wir Angst, überstürzt zu handeln, und brauchen noch etwas mehr Zeit, um uns klarer zu werden. Oder das Bauchgefühl meldet sich mit einem unguten Gefühl, und du beschließt, eine Entscheidung zu verschieben. Da ist nichts dagegen einzuwenden, denn es ist wichtig, der Intuition zuzuhören, die uns von unüberlegten Schritten abhält.
Doch wenn du deine Sehnsucht kennst, deine Stärken und Grenzen gut einschätzen kannst, wenn du spürst, dass es an der Zeit ist, endlich aufzubrechen, und dich dennoch von der Angst davon abhalten lässt, zahlst du einen hohen Preis.
Der Preis ist ein Leben, bei dem du inmitten einer fantastischen Bergwelt immer nur im Tal bleibst. Du läufst dir zwar weder Blasen noch kommst du aus der Puste, aber dein Horizont wird stets an der Hauswand des Nachbarhauses enden. Das Glücksgefühl der Gipfelstürmer bleibt dir verborgen. Nie wirst du das überwältigende Panorama und die Weite der Welt jenseits des Tales sehen. Du wirst nie erfahren, wie weit du noch gekommen wärst oder wie du noch hättest leben können. Bist du wirklich bereit, diesen Preis zu zahlen?

Falls die Antwort nein lautet – und das hoffe ich sehr, denn sonst hättest du wohl kaum zu diesem Buch gegriffen –, ist es jetzt wichtig, dich deiner Angst, deinem ABER zu stellen. In einem ersten Schritt kommt es darauf an zu benennen, was dir Unbehagen oder Angst bereitet, und diesen Aspekten ganz real in die Augen zu blicken. Nur wenn du sie aus dem Unbewussten ins Bewusstsein holst und ihnen aufrecht begegnest, wird sich etwas verändern.
Der Weg durch die Angst oder das Unbehagen führt mitten hindurch.
Das bedeutet, Angst lässt sich nicht einfach beseitigen, verdrängen oder verleugnen. Sie ist wie die schäumende Brandungswelle, durch die ein Surfer hindurchpaddeln muss, um in die weite Dünung zu gelangen, von wo aus er dann die große Welle reiten kann. Und so wie der Surfer, der im Angesicht der beängstigenden Brandung kraftvoll auf seine Möglichkeiten vertrauen und sehr fokussiert handeln muss, brauchst auch du das Vertrauen in dein Potenzial. Ich meine damit die umfassendste und wertvollste deiner Fähigkeiten: die Fähigkeit, bewältigen zu können, was dir im Leben begegnet.

Nichts müssen, alles wollen

Die alles entscheidende Frage an dich lautet: »Willst du deine jetzige Situation ändern und aufbrechen in ein Leben, von dem du sagen kannst, es ist das Leben, das ich noch leben will?«
Es kommt entscheidend auf dieses Wollen, auf dein Ja an. Wie bei einer Liebesheirat geht es um die freie Entscheidung im Herzen, die das Handeln leitet. Ringe, Party, Blumen und das Drumherum ist nicht das Wesentliche. Und so ist es auch beim Aufbruch in dein neues, erfülltes Leben. Konzentriere dich auf das Wesentliche, den Kern. Er beruht auf Vertrauen. Du brauchst das Vertrauen in dich selbst. Das Vertrauen, dass du begabt bist. Ausgestattet und beschenkt mit der Fähigkeit, mit dem fertigzuwerden, was dir in deinem Leben begegnet.

Experten bezeichnen das als Resilienz, als seelische Widerstandskraft. Ich bezeichne es gerne als ein Geschenk des Lebens. Denn diese Fähigkeit ist tatsächlich in jedem von uns vorhanden. In Kapitel sechs werde ich noch ausführlicher darauf eingehen. An dieser Stelle genügt es zu wissen, dass wir die Kraft besitzen, innerlich Segel zu setzen, um durch das Meer von Angst und Krise besser hindurchzukommen. Leider bezweifeln das viele Menschen und damit trauen sie sich selbst viel zu wenig zu. Sie haben ordentliche Selbstzweifel, auch wenn sie das kaum zugeben werden. Und daher ist es so wesentlich, dass du selbst einen unbedingten Willen zur Veränderung, ein JA zum nächsten Schritt auf deinem Lebensweg im Herzen trägst. Deine innere Zustimmung stellt die Weichen für den Wandel. Nicht urplötzlich, sondern ganz allmählich, Schritt für Schritt wirst du sicherer werden und an den Punkt kommen, wo du voller Überzeugung sagst: Ich werde damit fertig! Nicht weil du musst, sondern weil du einen Wandel willst.

Und ich kann dir schon jetzt sagen: Du wirst auf diesem Weg Fehler machen, die Angst wird immer wieder einmal auftauchen. Aber mit diesem inneren Wollen wirst du fähig zu handeln. Unsicher vielleicht und mit Fehlern, doch wenn du fällst, stehst du wieder auf, richtest dein Krönchen und gehst weiter.

Rein in die Wachstumszone

Wie das funktionieren kann, möchte ich dir anhand einer kleinen Begebenheit aus meinem Leben erzählen.

Ich hatte mir ein Wochenende in einem Hotel gegönnt, um hier in Ruhe einen wichtigen Vortrag vorzubereiten. Zugleich wollte ich mir etwas Gutes tun, ausspannen, wandern und mich in der waldreichen Umgebung inspirieren lassen. Als ich zum Abendessen ging, merkte ich, wie mir etwas mulmig zumute wurde: Ich saß ganz allein am Tisch, während an den anderen Tischen ausschließlich Paare oder kleine Gruppen saßen. Mein erster Impuls: weg hier! Ich meinte, die Gedanken der anderen hören

zu können: »Die Ärmste ist wohl alleinstehend – wie bedauernswert.«
Aber dann sagte ich mir: Nein, das halte ich aus. Ich lasse mich nicht von der Angst bestimmen, was Menschen über mich denken, denen ich noch nie begegnet bin, sondern freue mich an all dem Guten, was ich hier habe: Zeit zum Nachdenken und ein wirklich tolles Essen.
Und tatsächlich: Nachdem ich mich meinen Befürchtungen gestellt hatte, wurde es ein sehr schöner Abend. Ich schrieb mir in meinem Notizbuch zwischen den Gängen gute Gedanken auf und genoss das vortreffliche Lachsfilet ebenso wie die anderen Gänge. Selbst der Kellner wurde immer lockerer. Er servierte freundlich, bemühte sich bald aber nicht mehr, mir mit vielen Worten die Situation angenehmer machen zu wollen. Er merkte, dass es mir gut ging in meiner Stille.
Es bringt nichts, unsere Befürchtungen mit aller Gewalt besiegen zu wollen.

Die große Kunst ist es, uns den kleinen und großen Ängsten zu stellen und sie anzunehmen.

Erst dann verlieren sie ihre alles bestimmende Kraft. Daher ist es klug, die Angst nicht zu verdrängen, sondern sie sich bewusst zu machen – und dann trotzdem nicht auf sie zu hören.
Klar, das ist leichter gesagt als getan. Und wenn wir einen großen Schritt im Leben tun wollen, steht ja auch tatsächlich mehr auf dem Spiel als das, was Fremde über uns denken könnten. Aber wir können den Umgang mit der Angst einüben. »Mach jeden Tag eine Sache, die dir Angst macht«, empfahl schon Eleanor Roosevelt, Menschenrechtsaktivistin und First Lady der USA. Das ist eine Art Mut-Training in kleinen Portionen, um immer wieder über diese innere Angstschwelle zu treten. Jede und jeder von uns hat es schon erlebt, dass sich Angst reduziert, ja, sogar verflüchtigt, wenn wir ihr trotzen. Wir brauchen

keine Angst vor der Angst zu haben. Wenn wir uns ihr stellen, verliert sie ihre Kraft und muss sich an unsere Regeln halten.

Die Angst vor der Angst überwinden

Um Menschen im Umgang mit ihrer Angst zu helfen, spreche ich in meinen Seminaren über die Erkenntnisse der amerikanischen Psychologin und Autorin Susan Jeffers:
1. Angst wird es immer geben, solange du dich, egal ob persönlich oder beruflich, weiterentwickelst.
2. Angst kannst du am besten bewältigen, wenn du sie »an die Hand nimmst« und dann entschlossen handelst und aktiv wirst.
3. Angst ist eine universelle Erfahrung, die du mit allen Menschen teilst.

Zum ersten Punkt habe ich schon etwas gesagt: Angst ist da. Es bringt nichts, sie zu verdrängen oder umgehen zu wollen. Du musst dich ihr stellen, sie zur Kenntnis nehmen und annehmen, wenn du weiterkommen willst.

Das ist die Voraussetzung für den zweiten Punkt: Nimm deine Angst an die Hand. Lass dich nicht von ihr irreführen, lass nicht zu, dass sie sich aufbläht, sondern betrachte sie ganz nüchtern – und triff dann *deine* Entscheidung!

Und das Dritte: Du bist nicht allein mit deinen Ängsten! Es ist ganz normal, Angst zu haben. Ich würde sogar sagen, dass Angst ein wichtiges Indiz dafür ist, dass wir dabei sind, einen echten Entwicklungsschritt zu machen. So gesehen sollte es vielleicht sogar heißen: Habe Angst davor, keine Angst zu haben – denn dann kannst du sicher sein, auf der Stelle zu treten.

»Sei klug und
halte dich an Wunder. Sie sind längst
schon verzeichnet
im großen Plan.
Jage die Ängste fort
und die Angst vor den Ängsten.«

Dieses Zitat aus dem Gedicht »Rezept« der Dichterin Mascha Kaléko finde ich wunderbar und dieser zuversichtlichen Haltung können wir uns anschließen. Es geht darum, im Vertrauen auf diesen größeren Plan den nächsten kleinen Schritt zu setzen.

Bremsen in unserem Kopf

Neben der Angst gibt es noch weitere Hindernisse, die uns davon abhalten können, unser Leben in neue Bahnen zu lenken. Ich nenne sie gerne Kopfbremsen. Es handelt sich dabei um eingefahrene Verhaltensmuster in unserem Kopf. Immer, wenn wir in eine neue Situation kommen, stellt sich uns dieser entmutigende Gedanke in den Weg. Nach einer Weile merken wir schon gar nicht mehr, wie schnell das geschieht, und denken, das sei normal. Doch das stimmt nicht. Wenn wir eine Kopfbremse bei uns erkennen, dann können wir solche gedanklichen Verhaltensmuster ändern, indem wir uns ihnen bewusst entziehen.

Kopfbremse Nr. 1
Diese Bremse besteht aus vier Buchstaben, ist unscheinbar, aber wirkungsvoll. Hier ist es noch einmal: das kleine Wort »aber«. Wie häufig taucht dieses Wort bei dir im Zusammenhang mit Ideen, Plänen und »Aufbruchsfantasien« auf? Ertappst du dich selbst bei dem tückischen »ja, aber ...«? Achte heute einmal bewusst darauf, wo du gedanklich selbst die »aber«-Bremse ziehst. In welcher Situation, welchen Momenten kommt dir das »aber« in den Sinn und über die Lippen? Frage dich beim nächsten Mal direkt, wenn du ein »ja, aber ...« bemerkst, ob dieser Gedanke sinnvoll ist. Hilft er dir, kraftvoller zu leben und deinem Ziel näher zu kommen? Nein? Dann ist es an der Zeit, diese Bremse zu lösen. Wie das gehen kann? Zum Beispiel so: Meine kanadische Freundin legt Wert darauf, statt »yes, but ...« immer »yes, and ...« zu sagen. Einfach »ja, aber« durch »ja, und« zu

ersetzen, das ist nicht schwer. Doch es hat eine große Wirkung. Stell dir vor, auf einer Party erzählt dir jemand, dass er vorhat, ein Online-Business zu starten. Sofort setzt du an zum »Ja, *aber* bist du dafür technisch gut genug ausgestattet?« Doch stattdessen beginnst du mit »Ja, *und* ...« – und bringst dich so dazu, etwas zu sagen, was Interesse statt Einwände signalisiert. Zum Beispiel: »Ja, und was genau fasziniert dich an dieser Idee?«
Damit baust du keine Mauern auf, sondern öffnest die Tür für einen spannenden Austausch. Probiere es aus! Es werden sich ganz andere Gespräche entwickeln, weil du dich jetzt dazu bringst, einen positiven Gedanken zu formulieren, statt zu widersprechen.

Kopfbremse Nr. 2
Konjunktive wie »hätte«, »könnte«, »sollte« führen nicht ins Handeln. Verzichte also getrost auf sie, wenn du Ideen für deine Zukunft entwickelst. Denn wer nur gerne ein Buchcafé aufmachen *würde*, der zeigt, dass er noch lange nicht so weit ist. Er trägt zwar die Sehnsucht in sich, doch statt zu überlegen, wie es gehen kann, sammelt er Gründe, warum es zu teuer, zu unrealistisch, zu verrückt und letztlich nicht möglich ist.
Ich *werde* ein Buchcafé aufmachen, hört sich völlig anders an. So ein Satz führt dazu, den nächsten Schritt konkret zu planen. *Ich werde, ich habe, ich kann* und *ich will* – das sind aktive Formulierungen, die uns mitten ins Handeln führen.

Kopfbremse Nr. 3
Eine weitere Möglichkeit, um einen Aufbruch schon im Keim zu ersticken, ist das Problematisieren. Vermutlich kennst du auch Menschen, die ein Talent dafür entwickelt haben. Sobald jemand eine Idee äußert, fallen ihnen tausend Gründe ein, die dagegensprechen: das Geld, das Alter, die Vorschriften, die Gesundheit, die Beziehung, die Familiensituation, der Arbeitgeber und vieles mehr. Solche Menschen sehen in allem das

große Problem. Aus einem kleinen Wölkchen, das am Horizont auftaucht, entwickeln sie entsetzliche Szenarien von Wolkenbruch, Gewitterfront und Blitzeinschlägen. Wenn du so einen problematisierenden Anteil bei dir selbst erkennst, empfehle ich dir, auf Perlen statt auf Probleme zu schauen. Bevor du dich bei einem Problem ängstlich fragst, was im schlimmsten Fall passieren kann, konzentriere dich lieber auf alles, was Gutes daraus entstehen kann. Damit sprichst du dir Mut zu und wirst staunend feststellen: »Das ist es wirklich wert, etwas Neues zu wagen!«

Ich denke, es ist klar geworden, dass wir verantwortlich dafür sind, wie wir dem Leben gegenübertreten wollen: ob ängstlich-sorgend oder vertrauensvoll-hoffend. Wenn du weißt, dass du selbst die Person bist, die für dein Glück zuständig ist, wirst du keine Schuld bei anderen abladen. Du wirst dich schneller als bisher fragen, was es dir bringt, wenn du in einer für dich unbefriedigenden Situation dennoch ausharrst. Du wirst immer besser herausfinden, was du willst, du wirst dir der Möglichkeiten und Alternativen bewusster werden, die es gibt, und wirst die Kraft aufbringen, für dich zu sorgen.

Einfach selbst für sich sorgen

Es kommt ziemlich häufig vor, dass wir unausgesprochene Erwartungen mit uns herumtragen. Wir nehmen dann an, dass uns jemand anderes diesen Wunsch förmlich von den Augen abliest und so erfüllt, wie wir uns das vorstellen. Das geht häufig schief und führt zu Ärger, der vermeidbar ist, wenn wir uns das Prinzip der Selbstfürsorge angewöhnen. Bei mir sah das so aus: Ich war manchmal enttäuscht, weil mir mein ansonsten sehr aufmerksamer Mann nur selten Blumen schenkte. Und irgendwann wurde ich sogar sauer, weil meine subtil geäußerte Botschaft nicht zu den erhofften Blumen führte.

Als ich immer mehr begriff, dass ich für ein erfülltes Leben in hohem Maße selbst verantwortlich bin, habe ich mich gefragt, welche Rolle ein Blumenstrauß dabei spielt. Und dann beschlossen, wenn mir danach ist, warte ich nicht mehr, ob mir mein Mann oder jemand anderes Blumen schenkt. Ich pflücke oder kaufe sie mir einfach selbst. Ich habe akzeptiert, dass er seine Liebe und Wertschätzung lieber auf andere Weise zeigt.

Daher sorge ich für mich selbst. Ich kaufe Kerzen, Kuchen oder Blumen, wenn mir danach zumute ist, und er freut sich mit mir. Und wenn er, wie kürzlich geschehen, völlig unverhofft mit einem wunderschönen Blumenstrauß in der Hand das Haus betritt, dann freue ich mich. Einfach so.

Fakt ist, weder er noch sonst wer ist dafür verantwortlich, dass ich mit leuchtenden Augen durchs Leben laufe. Ich übernehme die Verantwortung dafür selbst!

Wenn auch du das mehr als bisher in eigener Sache tun willst, habe ich noch einen guten Tipp: Achte darauf, wann du ungeduldig, enttäuscht, erschöpft, neidisch, ärgerlich oder eifersüchtig reagierst. Solche Emotionen sind häufig ein untrügliches Zeichen dafür, dass du zu wenig Verantwortung für dich übernommen hast. Schätze diese Emotionen daher, sobald du sie bemerkst, als Wegweiser, die dir helfen, wieder mehr auf dich selbst zu achten und deinem eigenen Kurs zu folgen.

In Zeiten der Pandemie haben wir gelernt, besser auf Hygiene und wenn nötig auf Abstand zu achten. Ganz ähnlich ist es mit der gedanklichen Hygiene, die du brauchst, um dich gesund und kraftvoll weiterzuentwickeln. Eine super Übung ist es, einen ganzen Tag lang darauf zu verzichten, sich zu beschweren, zu beklagen, zu nörgeln oder etwas einzuwenden.

Abstand zu halten zu dem, was schwächt und Energie raubt, beginnt in unseren Köpfen.

So wirst du immer sensibler werden und schneller bemerken, wenn du dich wieder einmal selbst boykottierst. Eine bewusste, kraftvolle Sprache baut auf und macht uns obendrein handlungsfähig.
Sehr wirksam erlebe ich die Zugkraft von guten Lotsensätzen im Coaching. Das bedeutet, man entwickelt und formuliert für sich selbst einen Ausrichtungssatz, der einen durch schwierige Zeiten leitet und mit der eigenen Kraft in Kontakt bringt. Ähnlich einem kleinen Lotsenboot, das das riesige Schiff wieder in die Fahrrinne bringt.

Erinnere dich noch einmal an Aenne Burda. Ihr Lotsensatz war: »Ich weiß, dass ich es schaffen kann. Ich habe Flügel!« Und das ist eine Aussage, die unglaubliche Kraft ausstrahlt. Aenne ist überzeugt, dass sie es schafft, den Verlag aufzubauen und auch mit vierzig noch selbstständig durchzustarten. Sie sagt nicht: »Ich werde eines Tages Flügel haben« oder »Ich wäre froh, ich hätte Flügel« oder »Wenn ich Flügel hätte, würde ich …«.

Sondern, sie bekräftigt mit ihrem Satz, dass sie darauf vertraut, die Fähigkeiten zu besitzen, die sie braucht, um ihren Traum tatsächlich umzusetzen.
Du findest in den Übungen zu diesem Kapitel eine Anleitung dafür, wie du dir selbst solch einen Lotsensatz entwickeln kannst.

Die Summe all dieser Möglichkeiten, von bewusster Sprache, gezieltem Umgang mit Ängsten oder Kopfbremsen bis hin zur mentalen Hygiene und Übernahme von Verantwortung bewirkt, dass sich dein Leben immer mehr in die Richtung ausrichtet, in die du weitergehen möchtest.
Dabei gleicht unser Lebensschiff eher einem schwerfälligen Ozeanriesen als einem wendigen Speedboot. Doch du weißt ja, dass es Lotsen gibt und dass es darauf ankommt, die Richtung zu kennen, in die es gehen soll. Also gib dir Zeit, sei barmherzig mit dir selbst, wenn es noch nicht so schnell wie gewünscht mit dem Richtungswechsel klappt. Bleib dran.

Coaching-Übung

Stelle dich deiner Angst – eine Gegenüberstellung

Was hindert mich daran, Schritte hin zu einem erfüllteren Leben zu gehen? Wieso ist es so schwer, Veränderungen durchzusetzen? Nimm dir ein DIN-A4-Blatt und schreibe auf die linke Seite untereinander all die Vorbehalte und negativen Annahmen, Ängste und Bremser, die dir gegenwärtig einfallen. Danach konzentriere dich darauf, welche Erfahrungen dich in deinem Leben am meisten verändert haben. Häufig haben diese Erfahrungen etwas mit einer krisenhaften Situation zu tun, aus der du verändert hervorgegangen bist. Frage dich dann, was dir in dieser Situation geholfen hat. Wann, wodurch und wobei hast du dich mutig und stark gefühlt? Was ist dir letztlich doch gelungen und wofür bist du dabei dankbar? Prüfe nun, ob du deinen Ängsten etwas entgegenstellen kannst.

So zum Beispiel:

Kritiker / Bremser	Zusage / Ermutiger
Ich habe Angst vor der Veränderung.	Ich weiß, dass hinter der Angst eine bessere Zukunft auf mich wartet.
Ich würde gerne mehr Verantwortung in der Firma übernehmen, aber ich traue mich nicht, meine Vorgesetzte darauf anzusprechen.	Selbst wenn meine Vorgesetzte mich als zu wenig kompetent einschätzt, sieht sie, dass ich Initiative gezeigt habe. Ich kann also nur gewinnen.
Bei mir ist wieder alles schiefgelaufen. Das musste ja so kommen.	Ich habe in der Situation alles gegeben. Es hat nicht gereicht. Ich werde für das nächste Mal daraus lernen.
Hätte ich anders reagiert, hätte ich den Job bekommen.	Damals hatte ich diese Sicht der Dinge. Heute kann ich es klarer sehen und werde diese klarere Sicht beim nächsten Mal nutzen.

Welcher Satz oder welche Sätze vermitteln dir Rückenwind statt Gegenwind, Zuversicht statt Resignation?

Lotsensätze finden

Gute Lotsensätze geben dir Kraft und eine positive Ausrichtung für dein Leben und Handeln. Sie sind das genaue Gegenteil von Kopfbremsen – es sind Gedankenbooster, die dich voranbringen.

Ich empfehle dir, deinen Satz aufzuschreiben, immer wieder einmal laut zu lesen und ihn damit zu verinnerlichen. Ein Satz reicht für den Anfang, um auszuprobieren, ob das für dich eine gute Strategie ist. Ein Beispiel für einen Lotsensatz ist etwa:

»Ich bin voller Dankbarkeit für meine Arbeit – ich bin am richtigen Platz.«
oder
»Ich erlaube mir, für meine Bedürfnisse und Visionen einzustehen.«

Beachte drei Merkmale für persönliche Lotsensätze:
1. Formuliere deinen Satz in der Gegenwart.
2. Formuliere deinen Satz positiv.
3. Unser Gehirn kann mit Negationen wie *nicht* oder *nie* oder *keine* nur wenig anfangen. Statt »Ich werde keine Beziehung mehr eingehen, die mich einengt«, formulierst du besser: »Ich werde eine Partnerschaft eingehen, in der ich die Freiheit bekomme, die ich brauche.«

Ein Lotsensatz bezieht sich auf einen Zustand oder einen Prozess oder verbindet beide Formen miteinander.
Zum Beispiel: »Ich finde eine Arbeit, die mich erfüllt, und finde den Platz, an dem ich am besten wirksam werden kann.«
Hast du schon Ideen für einen eigenen Lotsensatz, der dir in Aufbrüchen Mut machen wird? Dann schreibe ihn dir am besten direkt auf und platziere ihn an einem Ort, an dem du regelmäßig darauf stößt (z.B. als Bildschirmschoner, vorn im Kalender oder auf einem Zettel in deiner Geldbörse).

Raus aus der Grübelfalle

Negative Gedanken können eine ungute Dynamik entwickeln und uns förmlich nach unten ziehen. So werden sie zur Falle, die uns daran hindert, den nächsten Schritt zu gehen und Neuland zu betreten. Hier sind zwei Möglichkeiten, der Grübelfalle zu entkommen:

Ablenkung suchen

1. Geh raus in die Natur, beweg dich und du kommst auf andere Gedanken. Unternimm etwas mit anderen. Das lenkt ab, verbessert die Laune und bringt dich in Aktion.
2. Stopp – Jetzt. Mit einem gedanklichen STOPP zertrennst du das Band zwischen negativen Gedanken und negativen Gefühlen. Du machst dir damit bewusst, dass deine Gedanken über eine Sache nur Gedanken sind. Die Wirklichkeit ist größer. Daher bleibe im Jetzt. Beobachte, was momentan um dich herum geschieht – die Wolken, die Vögel, Menschen –, und achte auf den nächsten Atemzug, um dich ins Jetzt zu locken.

Kapitel 5

Dranbleiben: Es geht weiter, wenn du weitergehst

>»Was vor uns liegt und was hinter uns liegt, ist nichts im Vergleich zu dem, was in uns liegt. Wenn wir das, was in uns liegt, nach außen in die Welt tragen, geschehen Wunder.«
> Henry David Thoreau

Ich fand das Labyrinth völlig unverhofft auf einem Hochplateau am Ortsrand von Grand Cache, einem kleinen Ort in den nördlichen Rocky Mountains. Grobe Steine bildeten die Begrenzung der Wege. Weit und breit war kein Mensch zu sehen. Die Stille, der Anblick der mächtigen Gipfel ringsum, die umgeben waren von den tief hängenden Wolken, gab mir das Gefühl, an einem mystischen Platz gelandet zu sein.

Als ich langsam und bedächtig den Wendungen des riesigen Steinkreises folgte, hatte ich plötzlich den Eindruck, als ginge ich in Gedanken den langen Weg meines Aufbruchs in der Lebensmitte mit all den Aufs und Abs noch einmal nach. Es war ein Weg voller Hoffnungen, Unsicherheiten, Irritationen und Wandlungen gewesen.

Begonnen hatte es mit dem verrückten Traum von einer Auszeit. Dann die Kündigung, verbunden mit dem schwierigen Schritt, unsere Wohnung und damit unseren sicheren Rückzugsort aufzugeben. Es war herausfordernd, nicht zu wissen, wo wir in der Zeit in Kanada wohnen würden; von der praktischen Organisation, die nötig ist, um ein Jahr unterwegs zu sein, ganz zu schweigen. Wir machten uns voller Hoffnung und Vorfreude, aber zugleich voller Sorge und Angst vor dem Ungewissen, auf den Weg. Ich erinnerte mich, wie oft ich allen Mut zusammennehmen musste, um weiterzugehen. Und wie tröstlich es war, wenn sich Türen plötzlich öffneten, der Weg unverhofft hell und eben weiterging und wir erlebten, wie Freunde – und manchmal auch völlig fremde Menschen – uns zur Hilfe eilten, wenn wir einmal nicht weiterwussten.

Behutsam setzte ich Schritt für Schritt.

Wer ein Labyrinth begeht, erkennt oft erst auf den letzten Metern, wie nahe er der Mitte ist. Und dann bist du da. Freude

kommt auf. Es ist das Gefühl, genau richtig zu sein. Das Nahe und das Ferne, die Vergangenheit und die Zukunft – alles ist hier verbunden. Man kommt an, ohne am Ende zu sein.
Eine Energie und Kraft erfüllte mich, die ich als Quelle, als Wegzehrung empfand. An diesen Moment kann ich auch heute noch, Jahre später, andocken.
Wenn ich auf mein Leben in den letzten Jahrzehnten schaue, habe ich manchmal das Gefühl: Das Einzige, was bleibt, ist die Veränderung. Und ich weiß, dass es nicht nur mir so geht. Unser Leben ist voller Wendungen und Überraschungen. Es lässt sich nicht geradlinig durchziehen.

Das Leben verläuft eben nicht linear und planbar. Es ist organisch, dynamisch, und es wandelt sich permanent.

Kein Wunder, dass sich in verschiedenen Religionen und Denkrichtungen vor allem ein Bild etabliert hat, um die Erfahrung des Lebensweges zu symbolisieren: das Labyrinth.

Eine Reise in die Mitte

Viele verwechseln ein Labyrinth mit einem Irrgarten. Aber das ist falsch. In einem Irrgarten kann man sich verlaufen. Dort geht es darum, durch viele Abzweigungen und Wegscheiden hindurch an das Ziel, in der Regel den Ausgang, zu gelangen. Ein Labyrinth hingegen hat keine Abzweigungen, an denen man sich verlaufen könnte. Es gibt nur einen Weg, der denjenigen, der ihn geht, stetig zum Ziel – in die Mitte – bringt. Doch dieser Weg hat es in sich: Es geht in endlosen Wendungen voran, mal in die eine, mal in die andere Richtung. Wer ein Labyrinth läuft, hat, während er es durchläuft, nicht den Eindruck, einem geordneten Plan zu folgen. Erst wenn er das Ziel erreicht hat und zurückblickt, merkt er, dass jeder seiner Schritte – auch die, die vermeintlich in eine falsche Richtung führten – ihn beharrlich ans Ziel gebracht hat.

Die große Aufgabe, wenn man ein Labyrinth betritt, ist es daher, sich stetig weiter vorzuwagen und beharrlich Schritt für Schritt zu gehen, selbst dann, wenn das Ziel in weiter Ferne liegt oder man sich zwischendurch immer wieder von diesem zu entfernen scheint. Es geht um Vertrauen, um die Erfahrung von Umwegen, von Wendungen und Wandlungen und um Zuversicht. Für viele Menschen ist das Labyrinth deshalb ein Symbol des Lebens.

Das wohl bekannteste Labyrinth der Welt ziert den Fußboden in der Kathedrale des französischen Ortes Chartres. Seit mehr als achthundert Jahren zieht es Menschen in seinen Bann. Das Fußboden-Labyrinth aus dunklen und hellen Steinen hat einen Durchmesser von etwa zwölf Metern. Wer den achtundzwanzig Wendungen bis in die rosenförmige Mitte folgt, legt dabei fast dreihundert Meter zurück. Der Wegverlauf dieses Labyrinthes ist extrem überraschend. Zunächst läuft man zielstrebig auf die Mitte zu, wähnt sich schon fast am Ziel. Doch kurz bevor man es erreicht, biegt der Weg jäh ab und führt dann, Wendung für Wendung, wieder weiter weg von der Mitte. Man könnte verzweifeln, muss den inneren Drang niederkämpfen, einfach umzukehren, weil alles so sinnlos erscheint. Was das Gehen zusätzlich erschwert: Man sieht immer nur bis zur nächsten Kurve und weiß nie genau, wie es weitergehen wird. Man fühlt sich unterwegs unendlich weit weg von dem Ziel, zu dem man aufgebrochen ist.

Ist es nicht im Verlauf unseres Lebens häufig ganz ähnlich? Wer weiß schon, wie sich eine Partnerschaft über die Jahre entwickelt? Und wer ahnt während der Ausbildung oder dem Studium, womit er in dreißig Jahren sein Geld verdient oder worin er seine Berufung findet?

Neben der beruflichen ist es vor allem unsere persönliche und spirituelle Entwicklung, die immer wieder Wandlung erlebt. Das Selbstbild ändert sich ebenso wie das Weltbild. Es wird differenzierter und vielfältiger, je mehr wir das Leben ge-

schmeckt haben. So, wie wir uns selbst danach befragen, wer wir eigentlich sind, so versuchen wir größere Zusammenhänge zu ergründen.
Wir fragen danach, warum manche Situationen unerklärbar oder unentschuldbar sind. Wie lassen sich Schicksalsschläge, Krankheit, Tod einordnen? Was gibt Halt und Hoffnung? Ich bin davon überzeugt, Zweifel gehören zum Leben und Glauben genauso dazu wie Gelassenheit und Geborgenheit.

Persönliche Entwicklung bleibt ein Unterwegssein, eine Weg-Erfahrung!

Ist das nicht ein starkes Bild? Rückschläge, Irrungen und Situationen mit tausend Möglichkeiten, von denen wir nur eine ergreifen können, lassen uns den geraden Weg verlassen und mal hierhin, mal dorthin gehen. Auch wenn wir uns das wünschen: Unser Leben führt niemals einfach geradeaus. Abzweigungen, Umwege, Wartezeiten gehören dazu. Und erst rückblickend stellen wir fest, dass es durchaus eine rote Linie gibt.
Vielleicht erging es dir ähnlich bei der Lebensjahrsiebt-Übung? Ich wünsche dir, dass du den roten Faden wahrnehmen kannst, der dein Leben durchzieht.

Die Magie des Labyrinthes erleben

Wie oft hatte ich mir vor und während unserer Kanadareise Sorgen gemacht, war nahe daran gewesen, verängstigt stehen zu bleiben und aufzugeben. Wie häufig kam es zu Situationen, in denen ich dachte: »Das schaffen wir nicht. Besser, wir brechen hier ab. Lieber ein Ende mit Schrecken als ein Schrecken ohne Ende.« Doch immer wieder kam es zu einer Wendung, die uns den Weg doch fortsetzen ließ.

Was ich in dieser Zeit lernte? Dem Leben, Gott und mir selbst zu vertrauen, dass es weitergeht, auch wenn vieles dagegenspricht.

Das ist häufig das Einzige, was wir tun können, wenn wir einmal aufgebrochen sind: einfach dranbleiben. Mehr musst du nicht tun. Geh weiter – Schritt für Schritt. Wenn du es gewagt hast, noch einmal aufzubrechen, kann ich dir eines garantieren: Du wirst Durststrecken erleben. Ein echter Neustart gelingt nie reibungslos. Dazu gehören auch Momente, in denen wir uns die Frage stellen: Wäre es nicht doch besser, wir kehrten um und zögen wieder zurück?

Wenn es wirklich unsere Vision und unsere Werte sind, denen wir folgen, dann dürfen wir mutig sein und glauben, dass unsere Fähigkeiten uns weiterbringen werden, dass wir das richtige Gespür für den nächsten Schritt haben werden und unsere Intuition uns gut leiten wird. Ja, wir können jetzt noch nicht jede Schwierigkeit voraussehen, können nicht jeden berechtigten Zweifel zu hundert Prozent entkräften. Und doch dürfen wir losgehen in dem Wissen, dass die Ressourcen, die wir in uns haben, uns jede Schwierigkeit bewältigen lassen.

Sich dem Weg anvertrauen

In meinen Kloster-Seminaren im TEAM BENEDIKT, einer Gemeinschaft von wertebewussten Seminarleitern und Beratern, die sich für Menschen in beruflicher Verantwortung einsetzen, habe ich die Möglichkeit, Menschen in ihrer Persönlichkeitsentwicklung zu begleiten. Dabei lade ich regelmäßig zu eigenen Labyrinth-Erfahrungen ein. Jedes Mal bin ich von Neuem gespannt, ob es gelingt, dass jede und jeder einen Zugang zu dieser meditativen Übung findet und eine Weg-Erfahrung für sich mitnehmen kann. Denn wer sich innerlich nicht darauf einlassen kann, der wird diesen Weg im Labyrinth als einen langweiligen Pfad erleben, der sinnlose Kurven macht, wo man locker abkürzen könnte, um zum Ziel zu kommen.

Das Labyrinth ist auf einer Obstbaumwiese hinter dem Haus der Stille angelegt. Gerne erinnere ich mich an das erste Mal, als ich Seminarteilnehmende zum Gang im Labyrinth einlud. Niemand war zuvor ein Labyrinth gelaufen, aber alle ließen sich, neugierig auf eine ungewöhnliche Erfahrung, auf den Weg ein. Schweigend liefen wir – mit etwas Abstand – den verschlungenen Weg bis in die Mitte. Dort hielten wir inne, um symbolisch eine persönliche innere Last abzulegen, einen Dank im Herzen zu bewegen oder um aus der Erfahrung des Labyrinthes heraus eine Botschaft für das eigene Leben mitzunehmen. Alle Sinne waren aktiviert. Es entstand eine außergewöhnliche Atmosphäre. Der Duft von warmer Erde und reifen Äpfeln lag in der Luft. Zwischen dunklen Wolken leuchtete ab und zu golden die Sonne hervor. Tief und klar tönten die Glockenschläge vom nahen Kloster herüber. Dann wieder Stille, in der man die Blätter rascheln hörte. Vögel zwitscherten, auf dem Weg lag eine tote Maus, wuchernde Dornen und Hagebutten säumten den Wegrand. Von Zeit zu Zeit musste man den Kopf einziehen, um sich nicht an den tief hängenden Ästen der alten Bäume zu stoßen. Eigentlich unbedeutend könnte man meinen. Doch alles, jedes Blatt, jede Beobachtung, wirklich alles fand eine Resonanz – in jedem auf eine andere Weise. Es dauerte fast eine halbe Stunde, bis alle den Weg in das Labyrinth hinein- und bedächtig die vielen Wendungen wieder hinausgelaufen waren.

Als wir später unsere Erfahrungen austauschten, wurde uns bewusst, dass jede und jeder seinen ganz eigenen Weg gegangen war. Unvergleichbar mit dem der anderen, aber ähnlich kraftvoll. Und wir staunten, dass dabei eine unerwartete Harmonie, eine Art Gleichklang im langsamen Gehen zwischen uns entstanden war.

Es sei der bewegendste und eindringlichste Moment der drei Seminartage gewesen, sagte einer der Männer. Einer Teilnehmerin kamen die Tränen, als sie uns erzählte, dass sie bei dem Gang im Labyrinth endlich eine Antwort gefunden habe, nach der sie schon seit Monaten auf der Suche war.

Das Geheimnis des emotionalen Tiefgangs liegt darin, dass ein Labyrinth extrem verlangsamt und auf einen inneren Weg einlädt.

Probiere es doch selbst einmal aus. Die einfachste Möglichkeit ist, du nutzt die Vorlage des Labyrinths von Chartres, die es im Internet vielfach gibt. Drucke dir das Labyrinth aus. Dann nimm dir etwas Zeit und werde dir bewusst, welches Thema oder welche Frage dich gerade innerlich umtreibt. Nimm dieses Thema gedanklich mit und fahre dann mit einem Holzbleistift oder Buntstift behutsam und gleichmäßig die Wegführung von außen bis ganz in die Mitte nach.

Du wirst beim meditativen Ausmalen eines Labyrinthes ebenso wie beim Gehen erleben, dass du ganz gegenwärtig bist. Und diese Erfahrung ist wesentlich, denn manchmal möchten wir aus einer Situation, die uns nervt oder belastet, am liebsten Hals über Kopf flüchten. Doch wer nur von etwas wegwill, läuft Gefahr, die gleichen Verhaltensmuster am nächsten Ort, in der nächsten Arbeitsstelle oder in der nächsten Beziehung zu wiederholen. Auf diese Weise vertagen wir ein Problem, statt es endlich anzugehen und aufzulösen.

Das Labyrinth hat mich gelehrt, wie wichtig es ist, präsent zu sein und aus dem Jetzt heraus den nächsten Schritt zu gehen. Was ich dabei wieder und wieder erlebe ist, dass das Vertrauen in einen geleiteten und gesegneten Lebensweg in einem wächst. Jede Wendung, auch die, die wir nur schwer akzeptieren können, gehört dazu. Und das ist exakt die Haltung, die du brauchst, wenn du dich mit deinen Ängsten, Befürchtungen und Hoffnungen im Gepäck auf den Weg machen und noch einmal etwas Neues wagen willst. Vertraue darauf, dass dich deine Fähigkeiten weiterbringen, dass du das Gespür für den nächsten Schritt hast und dass dich deine Intuition leitet. Du darfst deine Zuversicht hoffend darauf setzen, dass sich neue Lebenskraft einstellt, wenn du bereit bist, deinen ganz eigenen, stimmigen Weg endlich zu gehen und dich darauf einzulassen.

> **Coaching-Übung:**
>
> **Eine eigene Labyrinth-Erfahrung machen**
> Suche nach einem Labyrinth in einem Park oder Kloster in deiner Nähe, das du laufen kannst. Auf folgender Webseite findest du einige Anregungen: https://www.labyrinthe.at/labyrinthe
> Tipp: Direkt an der A 9, auf dem Rastplatz der Autobahnkirche Himmelpforten in Bayern gelegen, ist das Labyrinth von Chartres in den Steinboden eingelassen und jederzeit begehbar. Es ist ein wunderbares Wegzeichen direkt an einer unserer Verkehrsschlagadern. Nimm dir die Zeit, solltest du dort vorbeifahren, halte an und laufe es einmal.

Es geht, wenn du weitergehst

Diese Erfahrung habe nicht nur ich, sondern viele andere Menschen bereits gemacht. Ivo fiel mit vierzig die berufliche Decke auf den Kopf. Als Typograf fand er es immer frustrierender, nicht so kreativ arbeiten zu können, wie er gern wollte, sondern nur bereits vorhandene Designvorgaben umzusetzen. Also bat er seinen Chef um eine zehnmonatige unbezahlte Auszeit, in der er seiner Wanderleidenschaft nachgehen und die heimatlichen Schweizer Berge erkunden wollte.
Vier Paar Wanderschuhe lief er in dieser Zeit durch. Und plötzlich kam seine Kreativität wieder zum Vorschein. Er genoss es, endlich den nötigen Freiraum zu haben. Er baute unterwegs waghalsige Steintürme, legte Muster aus Schiefer oder Holz und schuf überdimensionale Ringe aus gelben Blüten, die er auf saftig grünen Almwiesen ausbreitete. Eine vergängliche Kunst, die einzig und allein dem Zweck diente, dass der Künstler Freude daran hat.
Und doch sind die Kunstwerke der Nachwelt erhalten geblieben, denn Ivo hat sie fotografiert, bevor er sie wieder ihrem Schicksal überließ – zum Glück. Denn auf diese Weise ist aus

der eigentlich absichtslosen Beschäftigung Ivo Moosbergers ein ganz besonderer Bildband entstanden, der viele Menschen begeistert. Schließlich wurde die Schweizer Post darauf aufmerksam, und vier seiner schönsten Motive fanden unter dem Motto »Naturkunst« oder »Land Art« ihren Weg auf eine Briefmarke. In dem Bildband erzählt er auch davon, wie die Bilder entstanden sind. Mir hat besonders die Geschichte der Butterblumenringe im Tessin gefallen. Drei Tage lang arbeitete er an diesem Landschaftsbild und ließ sich auch nicht von einem heftigen Gewitter aufhalten, das ihn dabei überraschte. Als am dritten Morgen die Sonne die gelben Blüten im taufrischen Gras leuchten ließ, zückte Ivo seine Kamera und hielt das unglaubliche Motiv fest.

Ich komme schon beim bloßen Betrachten ins Schwärmen und ahne, was für ein außergewöhnliches Erlebnis es gewesen sein muss, so etwas Besonderes zu erschaffen. Und das, obwohl er wusste, dass es wieder vergehen würde, sobald er weiterzieht. Gleicht es nicht unserem Leben, das ebenso vergänglich und wandelbar ist?

Ivos Auszeit hat reiche Früchte getragen, auch wenn es auf den ersten Blick nur wie eine Unterbrechung seiner Karriere aussah. Inzwischen gibt der Naturkünstler Seminare, hält Vorträge und ist nicht zuletzt durch die Briefmarkenserie in der Schweiz populär geworden. Seinem eigentlichen Beruf geht er weiterhin nach, hat sich aber mit seiner Kunst ein zweites Standbein geschaffen, durch das er seiner Kreativität freien Lauf lassen kann und wieder mehr er selbst sein kann.

Ein Schlüssel zum Glück ist die Bereitschaft, offen zu bleiben für das Unerwartete.

Und das begegnet uns nicht erst in einer Auszeit, sondern jetzt und hier. Um dem Unverhofften und dem Lebensglück wieder näher zu kommen, sind Zeitinseln in unserem Alltag notwendig.

Darüber habe ich schon im dritten Kapitel geschrieben. In diesen Momenten, in denen du zur Ruhe kommst, statt durch deinen Alltag zu hasten, wirst du bemerken, was dich ganz persönlich betrifft. Du erkennst den roten Faden in deiner Geschichte und machst dir deine Kräfte bewusst.
Zeitinseln haben zudem den Vorteil, dass man sie aufsuchen, aber auch wieder verlassen kann. Es sind Momente und Orte, wo du die stürmische See hinter dir lässt, das Segel einholst, anlegst und zur Ruhe findest. Es geht darum, dass Körper, Geist und Seele zueinanderfinden. Du allein und sonst nichts und niemand kann auf deine Aufmerksamkeit Einfluss nehmen.

Coaching-Übung

Zeitinsel

Eine abendliche Zeitinsel kann so aussehen: Du beendest deinen Tag damit, dass du dich fragst, womit du heute beschenkt wurdest. Welche Begegnung, welcher Moment kommt dir dabei in den Sinn? Was hat dich heute einen kleinen Schritt näher zur Verwirklichung deiner Sehnsucht geführt? Was ist dir heute unverhofft zugefallen?
Oder wenn du mehr ein Morgenmensch bist, dann frage dich morgens direkt nach dem Aufwachen, worüber du glücklich sein kannst, mit welcher Haltung du anderen Menschen begegnen willst und wohin deine Lebensreise heute gehen soll.

Je häufiger du bemerkst, wie kostbar die gegenwärtige Zeit deines Lebens ist, desto zuversichtlicher wirst du leben, denn du hast das Gefühl zu leben, statt gelebt zu werden. Allmählich wirst du auf diese Weise immer offener für die Gelegenheiten des Lebens werden. Es sind ja nicht die großen Ereignisse, sondern es sind die vielen kleinen Veränderungen, die letztlich den großen Wandel bewirken.
Wir müssen darauf achten, seelisch »gut zu Fuß zu sein«, wollen wir weiterkommen auf unserem Lebensweg.

Die Suche nach dem Elixier

Persönliche Entwicklung braucht Zeit und entwickelt eine eigene Dynamik. In der psychologischen Forschung wurden Veränderungs- und Entwicklungsprozesse schon vielfach untersucht. Verschiedene Phasen lassen sich beschreiben, die häufig zu beobachten sind.
Zu Beginn lockt eine Sehnsucht, ein großer Wunsch, ein Traum. Irgendwann spüren wir, dass wir diesen Wunsch nicht mehr unterdrücken oder verleugnen können. Im zweiten Schritt wägen wir ab, treten ein in eine Phase der Orientierung, sammeln Informationen, sind fragend und merken, wir wollen das, was uns umtreibt, nicht mehr zur Seite legen.
Es folgt die dritte Phase: die konkrete Planung. Jetzt ist dranbleiben gefragt, denn es tauchen Hemmungen und Hindernisse auf. Es wird einem heiß und kalt zugleich. Angst vor dem Wagnis mischt sich mit Vorfreude auf das Neue. Willenskraft ist nötig. Es zählt der kleinste Schritt.
Schließlich folgt die Phase des Aufbruchs. Die Schwelle wird endgültig überschritten. Wir sind bereit, alles auf eine Karte zu setzen und für unseren Traum zu geben. Plötzlich wachsen einem Flügel und ungeahnte Kräfte. Wir kommen in Bewegung, setzen Energie frei und weder Krisen noch Herausforderungen halten uns jetzt noch auf. Dabei stellen sich eine Erkenntnis, eine innere Kraft und damit eine echte Entwicklung ein.
Joseph Campbell, ein amerikanischer Forscher, nennt das Grundmuster, welches er in vielen Mythen und Märchen entdeckte und als kulturübergreifend beschreibt, Heldenreise. Viele Autorinnen und Regisseure orientieren sich daran, wenn sie ihre Romanfiguren oder Protagonisten im Film auf eine Entwicklungsreise schicken. Und ich meine, dass auch unsere ganz individuellen Aufbrüche in der Lebensmitte mit diesem Grundmuster einhergehen.
Auch wir folgen einem inneren oder äußeren Ruf, brechen auf, überschreiten Grenzen und begegnen zahlreichen Hindernissen auf unserem Weg. Im Film sind es furchterregende Tiere, die

Wildnis oder Widersacher. Im realen Leben sind es eher innere Hindernisse wie alte Gewohnheiten, Selbstzweifel oder ein enormes Sicherheitsbedürfnis, was uns daran hindert weiterzugehen. Fakt ist, dass unsere Beharrlichkeit, unsere Sehnsucht und Umsetzungskraft auf die Probe gestellt und herausgefordert werden. Und genau daran entscheidet es sich, ob wir uns tatsächlich hin zu Neuem entwickeln.

In den alten Mythen gibt es laut Campbell Mentoren, Wegbegleiter oder Helfer und magische Hilfsmittel, die den Helden oder die Heldin auf ihrem Weg unterstützen. Es lohnt sich auch im realen Leben, auf unserem Weg danach Ausschau zu halten, wer unsere Unterstützer, lebenskluge Ermutiger, Wegbegleiter sind. Helfer und Hilfsmittel können durchaus auch innerer Natur sein: unser Selbstmitgefühl, unsere Willenskraft, Akzeptanz oder Gelassenheit. Ich habe die Erfahrung gemacht, dass mir immer dann, wenn ich besonders suchend war, die richtigen Dinge begegnet sind. Manchmal war es ein kluges Zitat, dann ein Film, ein besonderes Lied oder ein Buch, das mich geleitet hat. Im Laufe der »Heldenreise« wird unsere Sehnsucht, unser Können und Wollen auf die Probe gestellt und schließlich erkennen wir unseren ganz eigenen Weg. Dies kann eine Erkenntnis, eine Weisheit, eine Entscheidung sein. Wir finden unser »Elixier«, wie es im Konzept der Heldenreise heißt. Und die Freude darüber ist bewegend. Mit diesem Elixier wandeln wir nicht nur unsere Wirklichkeit, sondern können das Neue ins Alte einbringen und auch anderen damit dienen.

Doch manchmal folgt darauf eine Art von Ernüchterung. Denn wer sein Ziel erreicht, der verliert auch etwas: das Lockende, das Ferne, den Antrieb. Deshalb ist es sehr wichtig, dass wir nicht nur von Zielen sprechen, die es zu erreichen gilt, sondern von der Ausrichtung, von etwas Größerem, das wir damit verbinden.

Ich habe das kürzlich im Coaching erlebt. Eine junge Frau studierte jahrelang und arbeitete hart, um Ärztin zu werden. Sie hatte endlich alle Abschlüsse erreicht. Doch glücklich war sie nicht. Es fühlte sich nicht als Zieleinlauf für sie an. Sie war nur noch erschöpft und planlos. Ihr ging es so, wie manchen Kommilitonen: Wer nur für einen Doktortitel arbeitet, der fragt sich, sobald er ihn in der Tasche hat ernüchtert, ob das schon alles war. Meiner Klientin ging es um viel mehr als um ihre Prüfung, die Promotion oder den Facharzt. Ihr Ziel war es, Menschen zu heilen, ihnen beratend zur Seite zu stehen oder zu erforschen, was wir tun können, um gesund zu bleiben. Alles beinhaltet die Vision, unsere Welt lebenswerter zu machen. Und das führt weit über einen Doktortitel oder ein gutes Examen hinaus.

Die Ausrichtung auf ein Größeres geht ein Leben lang weiter.

Sie erkannte, dass das vermeintliche Ziel eher ein Etappenziel auf der Tour ihres Lebens war. Sie wählte sich als Motivationskarte für ihren weiteren Weg eine Abbildung des Labyrinthes und sagte: »Ich habe verstanden, dass der Weg in die Mitte führt. Doch er endet nicht an dieser Stelle. Mein vermeintliches Ziel entpuppt sich als Kraftort, an dem ich eine Erkenntnis und neue Energie für meinen weiteren Weg gewinne. Und ich breche wieder auf ins Leben ›da draußen‹, aber jetzt als ein erneuerter, ein gereifter Mensch.«

Ich war beeindruckt, denn genau das ist das Motiv der Heldenreise: einen Ruf vernehmen, ihm folgen, sich auf den Weg machen, eine Schwelle überschreiten, Herausforderungen und Krisen bestehen und schließlich eine Essenz finden, die man mitbringt, um damit etwas zu lösen oder zum Mentor für andere zu werden. Widerstände, Wendungen, Wirren – alles dient letztlich dazu, dass wir ins Handeln kommen. Jede Entscheidung, die nächste Schwelle zu überschreiten oder die nächste Kehre zu nehmen, ist mit der Furcht verbunden zu scheitern, doch sie bringt uns weiter.

Das Herz kennt den Weg

Es gibt einen Berg von Literatur darüber, wie wir gute Entscheidungen treffen können. Doch wer an einer Kreuzung seines Lebens steht, der will keine Bücher lesen, sondern endlich wissen, wo es jetzt langgeht. Tage- oder wochenlang darüber zu brüten, was denn nun der richtige nächste Schritt sein soll, garantiert keine Lösung der verzwickten Situation. Natürlich weißt auch du, dass nicht alles mit dem Verstand zu lösen ist. Doch wie sonst? Wie können wir Entscheidungen treffen, die dem Herzen folgen, ohne dabei den Verstand an der Garderobe abgeben zu müssen?

Maja Storch und Frank Krause, Wissenschaftler der Universität Zürich, haben intensiv dazu geforscht und fanden heraus, dass wir in unserem hoch entwickelten Gehirn über zwei Bewertungssysteme verfügen, die unabhängig voneinander arbeiten. Bevor wir etwas entscheiden, läuft stets eine innere Bewertung der Situation ab. Einerseits bewerten wir die Situation mit dem Verstand, andererseits mit unserem emotionalen Erfahrungsgedächtnis. Letzteres ist im limbischen System unseres Gehirns verortet und ermöglicht uns ultrakurze Bewertungszeiten. Innerhalb von Millisekunden nehmen wir diese Bewertung als sogenannte somatische Marker, als körperliche Empfindung, wahr. Das Körpergedächtnis unterscheidet nämlich nur zwischen zwei Kategorien: gut oder nicht gut.

Stell dir vor, das Erfahrungsgedächtnis speichert sämtliche deiner Lebenserfahrungen emotional eingefärbt als gut oder nicht gut ab. Von der Zeit, als du im Bauch deiner Mutter als Embryo gestrampelt hast, bis zum heutigen Tag sind alle deine Erfahrungen weitgehend unbewusst in dem weit verzweigten Netzwerk deines Gehirns abgelegt. Und immer wenn dir bei einer Aufgabe oder einer Entscheidung die Knie weich werden, ein dumpfes Gefühl von Enge sich in Brust oder Bauch einstellt, der berühmte Kloß im Hals steckt oder sich deine Schultern verspannen, dann mahnt es dich zur Vorsicht. Es markiert etwas.

Daher sprechen Neurowissenschaftler von negativen somatischen Markern oder negativen Körpersignalen. Positive somatische Marker sind dagegen angenehme körperliche Empfindungen. Du freust dich auf einen Termin und spürst dabei ein warmes Kribbeln im Bauch oder dein Herz pocht freudig und du fühlst dich ganz lebendig und energiegeladen. Du bist in deinem Element und dein Körper signalisiert ein »Weiter-so«. Eigentlich ganz einfach. Daher auch der Spruch: Dein Herz kennt den Weg. Also folge ihm.
Doch das Verrückte ist, dass nicht alle Menschen einen gleich guten Zugang zu ihren Körpersignalen haben. Vor allem unter Stress und Druck haben wir es verlernt, auf diese feinen Signale zu achten. Willst du diese »Marker« nutzen, ist es wesentlich, die eigenen somatischen Marker kennenzulernen und sie zu deuten. Nur wer in der Lage ist, die Signale seines emotionalen Erfahrungsgedächtnisses zu empfangen und sie zu entschlüsseln, verfügt über zwei Bewertungssysteme, was zu deutlich besseren Entscheidungen verhilft. Dieses Kopf-Bauch-Dreamteam gilt es in seinem Zusammenspiel zu trainieren.

Training für dein »Dream-Team«

Das Training beginnt damit, dass du deine Intuition, dein Körper- oder Bauchgefühl schärfst. Intuition meint im Gegensatz zum verstandesmäßigen Einordnen ein eher ahnendes Erfassen. Intuition stammt vom lateinischen »in tueri« ab und bedeutet nach innen zu schauen. Indem wir unsere Innensicht und Eigenwahrnehmung fördern, schulen wir die Intuition.

Vielleicht legst du das Buch einmal zur Seite und nimmst die Gelegenheit wahr, um zu spüren, wie du dich genau jetzt fühlst. Entspannt, gelassen? Und wenn ja, wo genau fühlst du das? Geht dein Atem ruhig und tief? Schlägt dein Herz gleichmäßig oder ist es unruhig?

Wenn du weißt, wie wichtig es für dein Entscheidungsvermögen ist, dann beginne mehr darauf zu achten, was dein Körper dir verrät. Wie fühlst du dich an bestimmten Orten, in Räumen oder Häusern? Was spürst du, wenn du über deinen Urlaub oder deine Arbeit, deine Beziehung zu einem anderen Menschen oder einen Kindheitstraum nachdenkst? Wie reagierst du körperlich auf Anfragen oder Anrufe von bestimmten Personen? Wie fühlst du dich, wenn du mit Kollegen oder Freunden zusammen bist?

Wichtig ist es, häufiger als bisher darauf zu achten, wie du dich fühlst, um deine eigenen somatischen Marker kennenzulernen. Fange ganz einfach an. Vielleicht übst du erst mal, was dein Bauchgefühl zu Pizza Rucola oder Pizza Tonno hergibt und ob du spüren kannst, was dein Körper dir zur abendlichen Wahl zwischen Kino oder Kunsthalle empfiehlt. Auch ob du heute den Bus, das Rad oder das Auto zur Arbeit nimmst, ist eine unverfängliche Möglichkeit, dein emotionales Körpergedächtnis und damit die eigene Intuition zu trainieren.

Meistens läuft es so ab, dass wir unmittelbar ein Gespür haben, ob uns beispielsweise die angebotene Wohnung oder eine Stellenbeschreibung entspricht. Doch dann trauen wir diesem Gefühl nicht ganz über den Weg. Also schalten wir das Hirn dazu, sammeln Argumente und Informationen und versuchen, unsere Wahl rational zu rechtfertigen. Prinzipiell ist das nicht verkehrt, nur manchmal machen wir es uns damit unnötig schwer und geraten sogar auf die falsche Bahn bei unserer Entscheidungsfindung, indem wir den Fakten mehr Wert als unserer Ahnung beimessen. Die Ahnung allerdings speist sich aus einer Vielzahl von Erfahrungen, die wir zwar nicht im Detail erklären, aber als Informationsquelle durchaus wertschätzen können. Unser analytischer Verstand denkt gerne in eindeutigen Aussagen, Kategorien und Konzepten. Der emotionale Teil des Gedächtnisses fühlt und spürt eher in Bildern und Symbolen.

Es geht darum, die Kraft unseres Verstandes mit der Intelligenz unserer Intuition zu verbinden, um kluge Entscheidungen zu treffen.

Jetzt fragst du dich vielleicht, wie das praktisch gehen soll.

Klarheit durch ein verblüffend einfaches Modell

Um deine Fähigkeiten zu aktivieren und in der Lebensmitte kraftvoll aufzubrechen, reicht es nicht, dich auf spezifische Ziele zu fokussieren. Die Züricher Forscher entwickelten ein neues Ressourcenmodell, in dem mit sogenannten Mottozielen gearbeitet wird, die deutlich besser dafür geeignet sind.

Solch ein Mottoziel erzeugt eine innere Zugkraft, einen Sog hin zu dem, was für dich wesentlich ist. Psychologen sprechen von intrinsischer Motivation.

Ein Mottoziel hat drei unverwechselbare Merkmale: Es beschreibt eine Haltung oder Ausrichtung. Es ist immer im Präsens formuliert, so als würde etwas gerade jetzt stattfinden, und es verwendet vor allem eine sehr bildhafte Sprache. Mit Bildern kann unser Gehirn nämlich deutlich mehr anfangen als mit Worten. Um die Wirksamkeit zu verstärken, wird das gefundene Mottoziel anschließend im Alltag verankert. Wie man mit diesem Modell ganz praktisch eine kraftvolle Ausrichtung zu einem Anliegen finden kann, beschreibe ich dir an einem Beispiel von mir. Ich halte häufig Vorträge und natürlich bin ich im Vorfeld aufgeregt. Ein gewisses Maß an Aufregung spornt an, doch zu viel davon blockiert. Also formulierte ich mein Anliegen als Ziel: Wenn ich auf der Bühne bin, möchte ich lockerer sein und entspannt präsentieren.

Danach wählte ich mir dazu ein Bild aus einer Bildkartei aus. Dabei ist es wichtig, beim Betrachten der Bilder auf die emotionalen Marker zu achten. Es kommen nur die Bilder in die engere Wahl, bei denen man sofort ein richtig gutes Gefühl hat.

Entweder bringt dich das Foto zum Lachen, macht dich neugierig oder du spürst einfach: Das ist es! Es geht nicht darum, dass das Bild das Anliegen erklärt oder dass es dazu passt. Häufig ist es ein überraschendes Motiv. Wichtig ist, dass man in dieser Phase das Denken konsequent ausschaltet und nur auf die emotionalen Signale des Körpers achtet.

Mich brachte ein Bild direkt zum Lachen: Ein großer, schwarzbrauner Bär liegt richtig faul auf einem mächtigen Baumstamm im Wald. Er lässt seine Pranken baumeln. Der behäbige und zugleich kraftvolle König des Waldes auf dem Foto, er löste ein richtig gutes Gefühl bei mir aus. Ich hatte meine Wahl getroffen.

In einem nächsten Schritt geht es darum, dieses Bild mit vielfältigen, positiven Assoziationen anzureichern. Also notierte ich mir auf einem Blatt, was mir in Bezug auf das Bärenfoto in den Sinn kam: in sich ruhen, am richtigen Platz sein, das Territorium bewachen, wache Instinkte, kraftvoll, Energie gut einteilen, Ruhe, gelassen, mächtig, wohlfühlen im Wald, zu Hause im Wald und noch einiges mehr.

Im Anschluss prüfte ich diese Begriffe kritisch und wählte wiederum nur die Wortbausteine aus, die mich richtig begeisterten. Jetzt blieben nur noch wenige Worte übrig. Aus diesen Wortbausteinen formulierte ich mein Mottoziel.

Drei Sätze schrieb ich mir auf: Wenn ich auf der Bühne bin, fühle ich mich wie ein Bär in seinem Territorium. Ich traue meinem Instinkt und teile mir meine Energien gut ein. Im Wald finde ich zu meiner Ruhe.

Danach prüfte ich noch einmal die Folgen dieses Mottozieles. Wenn ich diese Haltung verinnerliche, was könnte das für mich bedeuten? Wenn ich mich so fühle wie ein Bär in seinem Territorium, dann werde ich mich auf der Bühne wohl und sicher fühlen, indem ich mich auf meine Instinkte verlasse. Ich werde spüren, ob das Publikum humorvolle Leichtigkeit, fachliche Kompetenz oder mehr emotionale Ansprache braucht. Und ich habe Grund, meinen Fähigkeiten zu trauen, was dazu führt, dass ich viel mehr in mir selbst ruhen kann. Mein Mottoziel fühlte sich bärenstark an.

Genau das wollte ich erleben und genauso wollte ich mich fühlen. Ich überlegte, wie ich diese Erkenntnis auch Tage später wieder wachrufen könnte. Es geht darum, gute emotionale Anker zu setzen, die einen mit dem Mottoziel direkt in Kontakt bringen. Also druckte ich mir mein Lieblingsbild mit dem Bären und darunter die drei Sätze aus und pinnte das Blatt an meine Pinnwand. Dann kaufte ich mir ein kleines Fläschchen Zedernholz-Duftöl. Zwei Tropfen davon auf den Ärmel geträufelt und ich habe – egal wo – das Gefühl, im Wald zu sein. Selbst auf der Vortragsbühne erinnert es mich an die natürliche Kraft und Ruhe des Waldes und an mein Mottoziel.

So einfach lassen sich Kopf und Bauch in Einklang bringen und starke neue Ausrichtungen ganz praktisch im Alltag platzieren.

An dieser Stelle ein Kompliment, dass du dich auf diese anspruchsvolle innere Reise einlässt. Du hast in diesem Kapitel erfahren, wie wichtig es ist, dranzubleiben. Du bist die Heldin deines Lebens, die ihren Ruf hört, sich aufmacht, Hindernisse und Schwierigkeiten bewältigt und ihre Essenz finden wird. Dafür gebe ich dir jetzt einige praktische Tools zum Umsetzen mit auf deinen Weg.

Coaching-Übung

Selbstcoaching in Anlehnung an das »Zürcher Ressourcen Modell«
Finde mit dieser Methode eine neue Ausrichtung und die Kraft, dranzubleiben an dem, was dein Herz und dein Kopf gemeinsam für das Beste halten. Du kannst entweder mit dem Online-Tool von Dr. Maja Storch und Dr. Krause arbeiten, in dem du durch den Prozess geleitet wirst und in einer Bilddatei dein Bild auswählen kannst: https://zrm.ch/zrm-online-tool-deutsch/ Oder du setzt es mithilfe der folgenden sechs Aufgaben und eigenen Fotos/Bildern um.

1. Beschreibe die Situation, die du wandeln oder steuern möchtest, und formuliere ein klares Anliegen.
2. Wähle ein Bild, das dich dazu stark positiv anspricht. Achte dabei auf positive körperliche Marker, auf dein unmittelbares Bauch- und Körpergefühl.
3. Reichere das Bild, das du auswählst, mit vielfältigen Assoziationen an und bilde damit einen »Ideenkorb«.
4. Wähle aus diesem »Ideenkorb« nur die Aussagen, die dich wiederum unmittelbar sehr stark positiv ansprechen.
5. Formuliere aus diesen Wortbausteinen ein passendes Haltungsziel im Präsens und in bildhafter Sprache.
6. Überlege und setze dir einen emotionalen Anker, der dich an dieses Mottoziel, diese gefundene Haltung in deinem Alltag erinnert.

Seelenfutter anlegen
Diese Übung ist sehr hilfreich, um dranzubleiben, wenn du unterwegs Durststrecken erlebst oder an deinem Neubeginn zweifelst. Nimm dir einen A4-Karton und schreibe darauf dreißig Dinge, Erlebnisse, Erfahrungen, auf die du stolz sein kannst. Dreißig? Ja, dreißig! Es geht darum, die Fülle zu sehen, über die du verfügst. Wenn dir nach der fünften großartigen Sache nichts Besonderes mehr einfällt, dann wirst du in deiner Erinnerung die kleineren, aber ebenso kraftvollen Dinge herauskramen – und darum geht es.
Also, was ist dir gelungen? Was ist dein Erfolgserlebnis? Worauf schaust du begeistert und dankbar zurück? Was ist dein Anteil daran? Deine Antworten können ganz vielfältig sein, von »laufen gelernt« oder »das Abitur gemacht« bis hin zu »ein Kind gezeugt«, »meine krebskranke Freundin zur Chemo gefahren«, »Familientreffen organisiert«, »Homeoffice gestaltet, ohne zu vereinsamen« oder »meine Mitarbeiter zu einem echten Team verbunden« …
Freue dich danach an den vielen Erfolgen, die du schwarz auf weiß vor dir hast. Es ist der seelische Proviant für deine Heldenreise.

Kapitel 6

Verbundenheit: Vom Glück, nicht allein unterwegs zu sein

> »Mehr als je zuvor in der Menschheitsgeschichte haben wir ein gemeinsames Schicksal. Wir können es nur beherrschen, wenn wir es gemeinsam angehen.«
> Kofi Annan

Der Himmel über Florida am 20. Februar 1962 ist kobaltblau und wolkenlos. Das perfekte Wetter, um den Flug der Rakete mit bloßem Auge mitzuverfolgen. Millionen Amerikaner fiebern dem Ereignis an ihren Fernsehbildschirmen entgegen, unzählige Menschen drängen sich am Zaun des weitläufigen Areals. Wird John Glenn der erste Amerikaner sein, der mit seinem Raumschiff die Erdumlaufbahn erreicht? Kann die Kapsel die Erde wieder erreichen, ohne beim Wiedereintritt in die Atmosphäre zu verglühen? Wird die Mission »Mercury-Atlas 6« gelingen? Ein Hund, ein Schimpanse und der Russe Juri Gagarin waren bislang die Einzigen, die einen Flug ins Orbit überlebt haben.
Im Raumfahrtzentrum Cape Canaveral arbeiten zahlreiche Techniker und Wissenschaftler unter Hochdruck, um die Rakete planmäßig zu starten. Die Computer – damals noch gigantische, Räume füllende Rechenmaschinen – haben die Daten für die Umlaufbahn sowie den richtigen Eintrittswinkel bei der Rückkehr in die Erdatmosphäre der »Mercury-Atlas 6«-Mission errechnet.
Doch Astronaut John Glenn vertraut den Daten nicht. Er besteht darauf, dass ein Mensch – die Mathematikerin Katherine G. Johnson – alles nochmals von Hand nachrechnet. Wörtlich sagt Glenn: »Wenn sie sagt, dass sie in Ordnung sind, bin ich bereit zum Abflug.«
Und tatsächlich berechnet Katherine innerhalb kürzester Zeit die Bahnen und bestätigt die Daten, die der Computer vorgelegt hat. Erst nach ihrem Okay steigt er in die »Friendship 7«, die auf der Spitze der Trägerrakete montierte Raumfahrtkapsel. Und so wird eine Frau, noch dazu eine afroamerikanische,

in dieser komplexen, von Männern dominierten Raumfahrtwissenschaft das Zünglein an der Waage. Das Vorhaben gelingt: Glenn umrundet viermal die Erde, bevor er nach exakt 4 Stunden, 55 Minuten und 13 Sekunden an der von Katherine G. Johnson und dem Computer berechneten Stelle im Atlantik unbeschadet herunterkommt. Glenn wird in den nächsten Jahren das bekannteste Gesicht der amerikanischen Raumfahrt. Weitgehend unbeachtet blieb dagegen das Team von Menschen, die ihr Bestes gegeben hatten, um die »Mercury-Atlas 6«-Mission zu einem Erfolg zu machen. Und doch war es eine Teamleistung von Menschen, die alle ihr Bestes gegeben haben, um Raumfahrtgeschichte zu schreiben. Im Jahr 2017 erhielt der sehenswerte Film über die damaligen Ereignisse mehrere Oscars. Er trägt den Titel: »Hidden Figures«. Unerkannte Helden.

Ich bin überzeugt: Solche »Hidden Figures« spielen nicht nur bei großen historischen Ereignissen eine wichtige Rolle – nein, sie tun es auch in unserem Leben.

Keiner lebt für sich allein

Vom ersten Atemzug an sind wir angewiesen auf Unterstützung, Zuwendung und die körperliche Nähe anderer Menschen. Das beginnt schon lange vor unserer Geburt im Bauch der Mutter. Ihr Blut fließt durch unseren Körper, und bis zur Abnabelung ist ein Baby umgeben von ihrer wärmenden Sicherheit, angewiesen auf den mütterlichen Herzschlag, ihren nährenden Biorhythmus und das Zusammenspiel mit den eigenen Organen. Selbst nach der Geburt ist ein Kind nur überlebensfähig, wenn es versorgt, berührt und beachtet wird – und das noch viele Jahre danach. Wir Menschen sind eine Spezies, die recht unfertig zur Welt kommt. Während ein Fohlen schon fünfzehn Minuten nach seiner Geburt auf eigenen wackeligen Beinen steht, schafft es ein Menschenkind erst nach elf oder zwölf Monaten, die ersten Schritte ganz allein zu gehen.

Von Beginn an ist unser Leben eingebettet in ein Netz aus Beziehungen: zu den Eltern, den Geschwistern und den Großeltern. Später erweitert sich dieser Kreis: Spielgefährten und Schulkameraden, Lehrer und viele andere Menschen ... Von Beginn an erfahren wir: Niemand auf dieser Erde existiert für sich. Sicher kennst du die afrikanische Weisheit, dass es ein ganzes Dorf braucht, um ein Kind großzuziehen. Ich würde sogar so weit gehen zu sagen: Es braucht ein ganzes Dorf, damit ein Mensch glücklich leben kann. Nicht nur während der Kindheit sind wir angewiesen auf andere. An dieser Stelle möchte ich dich einladen, kurz innezuhalten und zu überlegen: Wer hat dich – über deine engste Familie hinaus – willkommen geheißen im Leben? Wer hat dir wichtige Türen geöffnet oder nach einer Niederlage geholfen, wieder aufzustehen? Mit welchen Menschen gehst du durchs Leben? Wer gehört zu deinem »Dorf«?

Coaching-Übung

Das Beziehungsnetz
Du brauchst dafür farbige Karteikarten, Stifte, Wollfäden, Kreppband und Kordel.

Schritt 1: Schreibe in Kategorien geordnet Namen von Personen auf, die zu deinem Beziehungsnetz gehören und eine Bedeutung für dich haben (Verwandte/Familie, Freunde, Kollegen etc.).

Schritt 2: Lege eine Karte mit deinem Namen in die Mitte und positioniere die Karten mit den Personen entsprechend der wahrgenommenen Nähe/Ferne dazu. Betrachte dein Beziehungsgefüge im Anschluss. Nimm noch einmal Korrekturen vor, wenn es noch nicht stimmig ist.

Schritt 3: Überlege, welche emotionale Bedeutsamkeit diese Personen für dich haben. Du kannst die Verbindung von schwach (Wollfäden) über mittel (Kordel) bis hin zu fest (Kreppband) markieren.

Schritt 4: Nimm jetzt in einer Gesamtschau den Wert, die Tragweite und Ressourcen deiner Beziehungen wahr. Frage dich, wo du künftig bewusster den Kontakt pflegen möchtest, bei wem du mehr auf Distanz oder auf wen du neu zugehen willst. Prüfe, ob da Platz für Neues ist, und wenn ja, wie es in dein Beziehungsgefüge kommen soll.

Schritt 5: Welche Menschen sind besonders wichtig, wenn es darum geht, einen Neustart zu wagen? Auf wen möchtest du dabei setzen? Auf welche Beziehungen kommt es dabei an? Mache es dir bewusst und frage dich, was das für die Beziehung bedeutet.

Ein einziger Mensch genügt

Wie sehr schon eine einzige gelungene Beziehung unser Leben positiv beeinflussen kann, zeigt die sogenannte Kauai-Studie der Entwicklungspsychologin Emmy Werner. In einer Langzeitstudie mit knapp siebenhundert Kindern wies sie nach, dass selbst Menschen, die unter widrigsten Bedingungen groß werden, eine erstaunliche Lebenskraft und innere Stärke entwickeln – vorausgesetzt, sie haben wenigstens eine stabile, vertrauensvolle Beziehung zu wenigstens einem Mitmenschen.
Mich hat es sehr bewegt, als ich das gelesen habe.

Eine einzige Person kann den Unterschied machen und zum Anker werden.

Eine einzige Person nur, die sich liebevoll kümmert, auf Bedürfnisse des Kindes reagiert, Grenzen setzt und Orientierung bie-

tet, reicht aus, damit Kinder selbst unter schwierigsten Umständen zu stabilen Persönlichkeiten heranwachsen können. Solche Menschen sind für mich genau solche »Hidden Figures«, über die wir oben sprachen, echte Helden der zweiten Reihe.
Und diese wichtige Beziehungsperson muss dabei nicht einmal aus dem innersten Familienkreis kommen. Selbst wenn Eltern ihrem Kind weder Liebe noch Geborgenheit, weder Nähe noch Zuwendung geben können, selbst dann besteht Hoffnung – wenn es wenigstens eine solche Bezugsperson gibt.
Inzwischen wurden die Erkenntnisse des Forscherteams von Emmy Werner durch zahlreiche weitere Resilienz-Studien bestätigt, die sich mit dem Entstehen von seelischer Widerstandskraft beschäftigen.
Für diesen »Stehaufmännchen-Effekt« brauchen wir Eltern, Geschwister, Verwandte, Nachbarn, verlässliche Sozialarbeiter, Erzieherinnen im Kindergarten oder Trainerinnen in der Sportgruppe, die dem Kind etwas zutrauen, ihm respektvoll, verlässlich und wertschätzend begegnen. Sie können die entscheidende Stütze sein.
Ein Kind, das ernst genommen, getröstet oder ermutigt wird, erlebt emotionale Nähe. Und damit gewinnt das Kind neues Vertrauen in sich selbst. Es traut seinen eigenen Fähigkeiten, wagt um Rat zu fragen oder jemandem seinen Kummer mitzuteilen. Wenn es sich von mindestens einer Person gewollt, geliebt und anerkannt fühlt, wird es seinen Weg finden. Es wird wieder aufstehen, wenn es gefallen ist, wird sich den Dreck von den Knien putzen und den nächsten Schritt gehen.
Einer von Milliarden Menschen genügt!
Ich finde das sensationell ermutigend. Es macht Hoffnung und gibt Rückenwind, auch für sehr schwierige Lebensumstände.
Ich glaube, dass die Erkenntnis von der Kraft einer heilenden Beziehung nicht nur für Kinder gilt. Auch für Erwachsene kann eine einzige Person den Unterschied machen: für die beste Freundin, die in einer familiären Krise eine Ansprechpartnerin von außen braucht. Die gerade zugezogene Single-Nachbarin, die sich einsam fühlt und Hilfe benötigt beim Einleben in der

neuen Umgebung. Der Bekannte aus dem Sportverein, der gesundheitliche Probleme hat und sich über Besuch freut. Eine einzige Person kann zum Anker für dich werden.
Oder aus einer anderen Perspektive heraus betrachtet: Vielleicht bist du gerade jetzt diese eine Person für jemand anderen, der deine Liebe und Unterstützung dringend benötigt: für dein Kind, dein Patenkind, deine Kollegin, den Nachbarn oder für Freunde?

Zuflucht im Sturm

Wir alle brauchen Partner, Freunde, Kollegen, denen wir vertrauen. Ihre Worte tun gut, ihre Aufrichtigkeit richtet auf, ihre Bereitschaft zu verzeihen, baut uns Brücken und ihre Fröhlichkeit ist ansteckend.
Erinnerst du dich an deine »Mondlandungen«, deine entscheidenden Projekte oder Prüfungen, denen du mit zittrigen Knien und schweißnassen Händen entgegengegangen bist? Wer hat dich in diesen Zeiten begleitet, dir Mut gemacht, dir etwas zugetraut und dich inspiriert? Wer hat dich getröstet und angespornt, als du keine Perspektive mehr hattest? Wer hat dich aufgehoben, als du am Boden lagst, sodass du wieder auf die Beine und bis hierher gekommen bist? Für welche Unterstützung bist du dankbar, weil du es allein nicht geschafft hättest?
Eine gute Beziehung kann auch hier entscheidend sein.
Davon kann ich aus eigener Erfahrung berichten. Ich erinnere mich noch sehr gut an den beklemmenden Moment, als mir die Personalreferentin des Unternehmens, bei dem ich mich beworben hatte, am Telefon freundlich, aber bestimmt sagte, man habe sich für einen anderen Kandidaten entschieden. Es war, als würde eine schwere Tür krachend ins Schloss fallen. Ich war von der Stelle begeistert gewesen, hatte mich mit allem Engagement ins Bewerbungsverfahren gestürzt und – da war ich sicher – überzeugend darlegen können, warum ich die richtige Person gewesen wäre. Ich war voller Hoffnung, die Zusage zu bekommen, und hatte mich in Gedanken schon damit beschäftigt, wie mein neuer Alltag aussehen würde.

Und dann kam die Absage. Damit hatte ich – ehrlich gesagt – nicht gerechnet.
In so einem Moment steht man innerlich neben sich. »Das muss ein Irrtum sein«, ging es mir durch den Kopf. Ich spürte eine Mischung aus Machtlosigkeit, Ablehnung und Scheitern. Es war einfach nur bitter.
Genau in dem Moment, als mir gerade die Tränen in die Augen stiegen, kam mein Mann ins Zimmer. Er verstand mich, ohne dass ich ein Wort sagen musste, und nahm mich fest in den Arm. Die Tränen durften laufen und konnten meine Enttäuschung aus der Seele schwemmen. Ich brauchte in diesem Moment weder Rat noch Fragen oder Kommentare. Was ich brauchte, war schlichte Zuwendung. Ich spürte seine Wärme und kuschelte mich wie ein Kind in seine Arme. Dort musste ich nichts leisten, nichts erklären, war geborgen und spürte das erste Fünkchen Hoffnung, dass es irgendwie weitergehen würde. Die wenigen Menschen, denen ich von der Absage erzählte, gaben mir ebenfalls Halt. Sie knüpften mit mir gemeinsam am ramponierten Netz meines Selbstwertes und halfen mir, mir meine Stärken und Begabungen wieder vor Augen zu führen und meinen Weg selbstbewusst fortzusetzen. Ganz ehrlich? Ohne meine Unterstützer, meine »Hidden Figures«, hätte ich wohl noch recht lange gebraucht, um mein seelisches Gleichgewicht wiederzufinden. So kam ich glücklicherweise schnell wieder auf die Füße.
Das Beispiel mag banal klingen, jeder kann wohl von solchen Begebenheiten berichten. Davon, wie Menschen, die uns verbunden sind, uns Halt und Zuflucht geben. Wie sie uns bestärken, mitfühlen. Durch ihre Perspektive helfen sie uns, einen anderen Blick auf uns und die Situation zu gewinnen. Die Beziehungen zu unseren Liebsten bieten eine wichtige Ressource, wenn wir unseren Weg gehen und unsere Träume leben wollen. Allein ist das nicht möglich.
An dieser Stelle möchte ich dich ermutigen, deine Beziehungen ganz neu in den Blick zu nehmen. Ich bin überzeugt, dass es sich lohnt, weil uns das die Möglichkeit gibt, unser Beziehungsnetz noch aktiver zu gestalten.

Ermutigung macht mutig

Joshua Bell, von dem du im zweiten Kapitel schon gelesen hast, wäre heute nicht der berühmte Geigenspieler, wenn ihm seine Eltern und sein Lehrer nicht immer wieder Halt gegeben hätten. Schon als kleiner Bub mit drei Jahren interessierte er sich für die Violine. Mit vier erhielt er den ersten richtigen Geigenunterricht. Mit zwölf Jahren fand er in Josef Gingold einen großartigen Violinisten, der ihm zum langjährigen Mentor wurde. Gingold wusste den Jungen so zu bestärken, zu begeistern und zu begleiten, dass Joshuas Talent sich voll entfalten konnte.

Als Zwölfjähriger entschied sich Joshua entgegen dem Rat seines Lehrers für ein sehr schwieriges Stück, das er bei einem wichtigen Wettbewerb vortragen wollte. Gingold ließ seinem Schützling die Freiheit und ermöglichte ihm damit – sicher unabsichtlich – eine unvergessliche Lektion. Denn Joshua verspielte sich im entscheidenden Moment vor lauter Aufregung fürchterlich und wusste: Das war's.

Mutlos klemmte er sich die Geige unter den Arm und war schon dabei, die Bühne zu verlassen, als er sich darauf besann, was ihm sein Lehrer und die Eltern immer wieder sagten und spüren ließen: »Du bist wertvoll, in dir steckt eine einzigartige Begabung. Arbeite an dir und mach Menschen damit glücklich.« Er hielt inne, holte tief Luft und fragte die Jury, ob er einen zweiten Versuch bekäme.

Das Unerwartete wird möglich: Er bekommt eine zweite Chance und darf das Stück noch einmal spielen, diesmal fehlerfrei. Mit seiner beeindruckenden Darbietung gewinnt er den dritten Preis. Es ist der Auftakt für Joshuas Laufbahn als Solist. Nur zwei Jahre später folgt sein großer Auftritt mit dem Philadelphia Orchestra in der Carnegie Hall, wo er vom Publikum gefeiert wird. Der Durchbruch als Stargeiger gelingt.

Was, wenn Joshua die Bestärkung durch seine Familie nicht erfahren hätte? Er hätte wohl kaum die Kraft gefunden, in dieser Situation an sich und seine Begabung zu glauben.

Jedem von uns wird irgendwann im Leben klar, dass andere Menschen einen Anteil am Gelingen unseres Lebens haben.

Die einen wissen das schon sehr früh, andere brauchen viele Jahre, um zu dieser Einsicht zu gelangen. Doch diese Erkenntnis ist wichtig, denn sie entlastet uns von dem Bestreben, alles aus eigener Kraft heraus entscheiden oder bewältigen zu müssen. Manchmal sind es langjährige Begleiter, doch auch unverhofft können Menschen in unser Leben treten, die im entscheidenden Moment eine Mentoren- oder Lotsenrolle für uns übernehmen.

Resonanz erfahren

Dass ich als junge Frau den Mut hatte, meine gut bezahlte Tätigkeit in einem Konzern zu kündigen, um ein Studium zu beginnen, lag am Rat eines einfühlsamen und klugen Psychologen. Ich begegnete ihm, als ich meinen Mann bei einem Informationstag an der Hochschule begleitete. Ob ich nicht ebenso wie mein Mann mit Menschen arbeiten und mich für einen der Studienplätze bewerben wolle, fragte mich der Dozent. Ich hielt das für völlig abwegig, war ich doch davon überzeugt, einer von uns beiden müsse das Geld verdienen, wenn der andere studiert. Nachdenklich schaute er mich daraufhin an und sagte: »Ums Geld sollten Sie sich nicht so große Sorgen machen. Folgen Sie Ihrem Herzen und dem, was Sie wirklich gerne machen wollen. Der Rest ordnet sich. Vertrauen Sie.« Seine Zuversicht erreichte mein Herz und mein Empfinden unmittelbar. Ich sah auf einmal, dass es Möglichkeiten gab, die ich zuvor nicht sehen konnte. Das gab den Ausschlag, mich ebenfalls zu bewerben. Mit meinem heutigen Wissen sage ich rückblickend, dass dies eine Resonanzerfahrung in meinem Leben war. Resonanz berührt etwas tief in unserem Wesen, was eine Antwort erzeugt. Natürlich kann Resonanz ganz individuelle Reaktionen auslösen, die bei dem einen so, bei anderen so ausfallen können. Aber immer ist sie davon abhängig, ob jemand überhaupt offen dafür ist. Daher kann man sagen, Resonanz hat generell etwas mit der Einstellung eines Menschen zu tun. Um überhaupt in Resonanz gehen zu können, muss man offen für die Schwingungen sein. Eine Gitarre, Geige, ein Cello und auch ein Flügel, sie alle haben einen Resonanzkörper, der nicht komplett geschlossen, sondern an einer Stelle geöffnet sein muss, um den Klang zu erzeugen. Ganz ähnlich ist es mit unserem Miteinander. Wir brauchen die Begegnung, den Impuls, die Schwingung und zugleich die Offenheit, um darauf zu reagieren. Es kommt also wesentlich darauf an, eine Atmosphäre der Nähe und Verbundenheit herzustellen, damit sich Menschen überhaupt öffnen. Nur so kann Resonanz und damit etwas größeres Gemeinsames entstehen.

Lagerfeuerorte schaffen

Wann hast du zum letzten Mal mit Freunden an einem knisternden Lagerfeuer gesessen? Ich erinnere mich gut an einen Abend mit Freunden vor einigen Monaten. Wir haben in die hellen Flammen geschaut, in den brennenden Holzscheiten gestochert, das Stockbrot über die glimmenden Scheite gehalten und den knusprigen Teig vom Stock gepult. Dabei konnten wir zusehen, wie die ersten Sterne am nachtblauen Himmel aufleuchteten. Ein Freund hatte eine Gitarre dabei und spielte Lieder, die wir schon in der Jugend gehört hatten und alle mitsingen konnten. Irgendwann wurde das Feuer kleiner. Die wärmende, satte Glut leuchtete vor sich hin. Dann entstanden die besten Gespräche, und niemand bemerkte, wie schnell die Nacht plötzlich fortgeschritten war.
Solche Abende sind etwas ganz Besonderes. Durch die Atmosphäre entsteht eine Offenheit, eine Verbundenheit und Echtheit wie sonst nur selten.
Wahrscheinlich kennt jeder von uns solche Lagerfeuermomente. Dazu braucht es nicht einmal ein echtes Feuer. Manchmal ge-

schieht es auch auf einer Party, bei der man ins Gespräch kommt und plötzlich stundenlang in der Küche gesessen und die Zeit verquatscht hat; oder bei der Autofahrt mit einem Kollegen oder einer Freundin, die zu einem intensiven Gespräch führt. Solche Lagerfeuermomente sind kostbar. Sie ermöglichen es uns, uns offen und verletzlich zu zeigen, ehrlich sein zu können und durch den Gesprächspartner eine neue Perspektive auf uns selbst zu bekommen. Wir sprechen über Ängste, über unser Scheitern, und merken, dass wir damit nicht allein sind. Neue Beziehungen entstehen oder werden vertieft, die unser Netzwerk erweitern oder stärken.

In der Regel geschehen solche Momente ohne unser Zutun. Aber es ist durchaus möglich, die Wahrscheinlichkeit für Lagerfeuermomente zu erhöhen – indem wir Orte und Zeiten in unseren Alltag integrieren, an denen Begegnung möglich wird. Das kann das gemeinsame Essen am Abendbrottisch mit der Familie sein, bei dem das Handy aus bleibt. Solche Momente können aber auch noch aktiver gestaltet werden: Kürzlich berichtete mir eine Kursteilnehmerin, sie habe jetzt immer freitags mit ihrem Mann und der dreizehnjährigen Tochter nach dem Abendessen eine wertschätzende Danke-Runde eingeführt. Jeder hat dann Zeit, etwas zu erzählen, was er die Woche über erlebt hat und wofür er dankbar ist. Die anderen hören aufmerksam zu, dankbar dafür, dass sie teilhaben dürfen an diesen Erfahrungen. Sie schrieb, dass sie sich inzwischen alle richtig auf diese gemeinsame halbe Stunde freuen. Es ist für sie zu einem kostbaren Ritual geworden, das die Familie stärker miteinander verbindet.

Auch Unternehmen merken inzwischen, wie wichtig es ist, an der Beziehung der Mitarbeiter untereinander zu arbeiten. Ich merke es allein an der Anzahl der Anfragen, die ich hierfür bekomme. Eine Übung mache ich bei solchen Terminen besonders gerne: »Wertschätzendes Interview« heißt sie und stammt von den Forschern der Case Western University. Dafür braucht es kein besonderes Vorwissen. Zugewandtheit und Anteilnahme sind alles, was erforderlich ist.

Die Übung wird in Zweiergruppen durchgeführt. Die Aufgabe, die die Teilnehmenden für die wertschätzende Erkundung bekommen, lautet: »Schenke deine ganze Aufmerksamkeit und Wertschätzung dem Interviewpartner. Höre genau zu. Unterbrich nicht und gehe mit eigenen Kommentaren sparsam um. Es geht jetzt um dein Gegenüber, nicht um dich.«
Dann erhalten die Teams Fragen und Themen. Ein Zeitrahmen wird vereinbart, und wenn der erste Interviewpartner fertig ist, wird gewechselt. Die Fragen lauten etwa:
- Was hat dich an der Tätigkeit, die du gerade ausübst, angezogen?
Was macht dir dabei richtig Freude?
- Erzähle mir von einer »Sternstunde«, einem Moment in einem Projekt, in dem du dich lebendig und kreativ gefühlt hast, in dem du wirklich stolz warst! Was war dein Beitrag zum Gelingen, und was haben andere dazu beigetragen? Welche Hindernisse hast du dabei überwunden? Was hast du daraus gelernt?
- Erzähle mir davon, was du an deiner Person und an deiner Arbeitsweise am meisten schätzt: Welche Fähigkeiten und Stärken dienen dir am meisten in deiner Arbeit? Welche davon hast du schon lange, welche haben sich erst entwickelt, und wodurch kam es dazu?
- Erzähle mir davon, was dich am meisten unterstützt und weitergebracht hat: Welche Menschen, welche Bedingungen, welche Erlebnisse haben dich vorangebracht und gestärkt?

Ich bin jedes Mal aufs Neue erstaunt und begeistert, welche positive Grundstimmung die Teams dadurch entwickeln.
Einmal nahm die Übung einen unerwarteten Verlauf. Ich hatte zwei Männer als Team losgeschickt und konnte sehen, dass sie bald begannen, ein Gespräch zu führen statt ein Interview. Ich dachte, sie wären zu schnell fertig geworden mit der Übung, und wollte fragen, ob ich sie unterstützen könnte. Als ich näher kam, sah ich, dass einer der Männer weinte, und zögerte, mich einzumischen. Doch sie riefen mich zu sich, und ich erfuhr, dass die beiden Kollegen, die unterschiedliche Abteilungen im Un-

ternehmen leiteten, sich persönlich noch nie so nahegekommen waren. Über das Interview waren sie darauf gestoßen, dass beide ihre Frau verloren hatten, der eine durch eine frustrierende Scheidung, der andere durch einen Unfall. Und sie merkten, wie sehr es sie bewegte, sich darüber auszutauschen. Ich glaube, nicht nur ihre persönliche, sondern auch ihre berufliche Beziehung hat sich an diesem Tag sehr vertieft. Es war ein echter Lagerfeuermoment.

Das wahre Leben mit seinen Höhen, Tiefen, mit Scheitern und Erfolgen wirklich zu teilen, stiftet Gemeinschaft.

Es schafft Vertrauen und nährt unsere Seelen. Es schenkt Kraft, die wir brauchen, wenn wir wirklich noch einmal durchstarten wollen.

Wie wir Brücken bauen können

Wie können wir anderen begegnen, damit sie aufblühen in unserer Gegenwart? Damit Beziehungen entstehen, von denen wir selbst profitieren? Harmonie, Resonanz und Verbundenheit aufkommen? Aufrichtige, warmherzige Beziehungen machen uns lebensfähig, gesünder und bringen uns in unsere eigene Kraft. Unser Körper schüttet dann das Bindungs- und Kuschelhormon Oxytocyn aus. In der Folge können wir Stress, Selbstzweifel oder Niederlagen viel besser bewältigen. Es ist nicht nur klug, sondern sogar Not-wendend, sich zu überlegen, was man für die eigene Beziehungsfähigkeit tun kann.
Es gibt Menschen, die von sich aus ein großes Netzwerk pflegen. Anderen fällt es schwer. Gerade wenn du zu letzterer Gruppe gehörst, möchte ich dich ermutigen: Die Art, wie wir anderen begegnen, macht viel aus. Wenn es dir schwerfällt, ein Netzwerk zu knüpfen, ist das kein Schicksal, das du hinnehmen musst, sondern daran können wir arbeiten. Lass uns also da-

nach fragen, was wir tun können, um uns und unsere Mitmenschen in der Familie, im Unternehmen, unter Freunden oder in der Nachbarschaft zu stützen und ein tragfähiges Beziehungswerk aufzubauen. Wie kannst du anderen Sicherheit, Klarheit und Halt geben? Und wie können wir Beziehungen vertiefen oder gestalten, die uns stützen, beleben und erhalten? Wie können wir uns so verhalten, dass Lagerfeuermomente in unserem Alltag entstehen?

Die drei wichtigsten Haltungen, die wir dafür einüben müssen, sind: Echtheit, Einfühlungsvermögen und Wertschätzung. Sie stammen aus der personenzentrierten Gesprächsführung. Carl Rogers, ein amerikanischer Psychologe, der diesen Ansatz – der heute Standard in vielen Bereichen der Gesprächsführung ist – entwickelte, stellte fest, dass dies die drei Grundkomponenten sind, damit der andere sich wohlfühlen, sich öffnen kann, damit eine Atmosphäre entsteht, die beiden Gesprächspartnern hilft, möglichst produktiv zu sein und voneinander zu profitieren.

Echt zu sein gegenüber anderen setzt voraus, dass ich in mir selbst stimmig bin.

Es klingt so einfach, sich menschlich zu zeigen, und ist mitunter ganz schön schwer. Wie echt bist du vor anderen? Kannst du deine Gefühle wie Trauer oder Enttäuschung, deine Sorgen und deine Freude über etwas Gelungenes zeigen? Sieht man es an deinen leuchtenden Augen, hört man es am Klang deiner Stimme? Traust du dich, zu deinen Tränen zu stehen und dich auch einmal schwach zu zeigen? Oder überspielst du das lieber und zeigst nur deine beherrschte, starke Seite? Nur wenn du echt bist, kannst du erwarten, dass sich dein Gegenüber ebenso öffnet.

Natürlich gibt es einen Unterschied, ob ich im Beruf gleich emotional werde oder ob ich das in Gegenwart meiner Freunde tue. Doch es berührt und macht das Brückenbauen erst möglich, wenn wir uns pur und aufrichtig, auch in unserer Verletzlichkeit, zeigen.

Einmal erlebte ich es bei einer Konfliktmoderation in einem Unternehmen mit, wie der Chef seine Betroffenheit vor den Mitarbeitenden zeigte, wie seine Stimme brüchig und die Augen feucht wurden, als er ankündigen musste, dass er einen Standort der Firma aufgeben werde. Ihn so verletzlich zu erleben, machte die Kollegen betroffen und fragend. Es öffnete die Türen zu einem aufrichtigen Austausch. Und daraufhin gelang es, nicht nur die eigene Betroffenheit, sondern auch seine Perspektive der Situation wahrzunehmen.

Auch Empathie, echtes Einfühlungsvermögen kann Brücken bauen und Türen öffnen. Empathie meint das einfühlsame Verstehen der Sichtweise, der Gefühle oder Argumente meines Gegenübers. Es ist schwer, das ständige Bewerten zu lassen. Doch wer die eigene Sichtweise erst einmal zurückstellt, wird die des anderen besser wahrnehmen. Es ist, als würde man vom eigenen hohen Ross steigen und eine Wegstrecke in den Schuhen des anderen laufen. Auf einmal merkst du, wo deinem Gegenüber der sprichwörtliche Stein im Schuh drückt oder weshalb es sich so schwer laufen lässt.

Wenn zu dieser echten und einfühlsamen Art des Gespräches noch eine bedingungslose, grundsätzliche Annahme hinzukommt, wird sich eine völlig andere Kommunikation ergeben. Erreichen werden wir diese positive Wertschätzung nur, indem wir unser Gegenüber als eigenständigen Menschen respektieren, und das bedeutet demzufolge auch, dem anderen keine eigenen Werte oder Empfehlungen aufzuzwingen – auch wenn es auf den ersten Blick scheinbar gut gemeinte Ratschläge sind.

Eine schöne Möglichkeit, sich darin zu üben, Brücken zum Nächsten zu bauen, ist es, das eigene Gesprächsverhalten in den Gesprächen bewusster wahrzunehmen. Achte einmal auf dich selbst. Zeigst du Interesse, indem du nachfragst und den Gedankengang des anderen aufnimmst und weiterführst? Hörst du wertschätzend zu oder machst du es so, wie die meisten Menschen? Sie warten häufig nur auf ein Stichwort, um das Gespräch dann gekonnt auf ihre Themen zu lenken.

Ich wünsche dir, dass es dir mit diesen Impulsen leichterfällt, warmherzige Beziehungen aufzubauen, Verbundenheit zu schaffen und Gegensätze zu verbinden. Nicht nur wir selbst, sondern unsere Gesellschaft wird davon profitieren!

Coaching-Übung

Wertschätzendes Interview
Du hast die Methode des Wertschätzenden Interviews gelesen. Wie wäre es, wenn du den nächsten Abend mit Freunden oder ein anstehendes Familientreffen spielerisch damit anreicherst? Ich biete dir einige Fragen zur Anregung, die du ergänzen kannst.
Vorbereitung: Schreibe die Fragen einzeln auf Blanko-Briefkarten und packe sie in einen Karton mit Deckel.
Ablauf: Die erste Person beginnt und zieht eine Karte. Sie wird zum Interviewer und stellt die Frage der Person rechts von ihr. Diese hat drei Minuten Zeit, um zu antworten. Es ist wichtig, dass keine der anderen Personen die Antworten kommentiert. Die antwortende Person bekommt die volle Aufmerksamkeit der anderen. Auch Rückfragen sind nicht erforderlich. Es geht ums Zuhören und um ein freiwilliges Mitteilen. Dann ist die nächste Person dran.
Hier einige Ideen und Vorschläge, die du beliebig ergänzen und abändern kannst. Es ist wichtig, dass der Fokus der Fragen stets auf das Gelingen und die guten Erfahrungen gerichtet sein soll.
1. Erzähle uns davon, was du Besonderes mit einem Freund/einer Freundin erlebt hast und was dich daran so gefreut hat.
2. Erzähle uns von einer Sternstunde in deinem Leben und was dein Anteil daran war, dass es so ein Highlight wurde.
3. Erzähle uns davon, wie du ein großes Hindernis überwinden konntest. Was hat dir besonders Mut gemacht?
4. Erzähle uns von einer großen Veränderung, die du in den letzten Jahren erlebt hast, und wer dich dabei unterstützt hat.

> »Wir erfinden unseren Auftrag in dieser Welt nicht,
> sondern wir entdecken ihn.
> Er liegt in uns und wartet darauf, verwirklicht zu werden.
> Der Auftrag jedes Menschen ist genauso einzigartig
> wie die Chance, ihn zu erfüllen.«
> Viktor Frankl

Es sind die härtesten Stunden dieser arktischen Nacht, als sich Gunnar Kaasen blind auf sein Team verlässt und sich nur noch an den Griff des Hundeschlittens klammert, um dem Sturm zu trotzen und anzukommen. Was ihn aufrechthält, ist der Gedanke an die Kinder und an die Menschen in Nome, deren Leben von der kostbaren Fracht abhängt, die in Felle gehüllt auf seinem Schlitten festgezurrt ist.

Wochenlang tobt im Januar 1925 ein Schneesturm über Alaska. Temperaturen unter minus vierzig Grad machen den kälteerprobten Nordländern das Leben schwer. Und ausgerechnet da bricht in Nome die Diphtherie aus. Das dringend benötigte Antitoxin kann weder mit dem Flugzeug noch mit dem Schiff oder der Bahn transportiert werden. Und die Zeit drängt. Zehntausend Menschen leben damals in dieser Region am Polarkreis. Viele von ihnen sind indigener Abstammung und besonders von dem tödlichen Virus bedroht. Es scheint aussichtslos, die Medizin nach Nome zu bringen.

Was tun? Könnte man auf Hundeschlitten zurückgreifen? Doch wer würde die Strapazen einer über tausend Kilometer langen Fahrt durch die eisige Wildnis bei diesen Wetterverhältnissen auf sich nehmen? Wer könnte bei minus fünfunddreißig Grad stundenlang auf dem Schlitten stehen, die Hunde lenken und dem Sturm trotzen? Zwanzig Musher (Lenker eines Hundeschlittens) melden sich – erfahrene Männer mit starken Hunden. In kürzester Zeit wird eine Staffel zusammengestellt, die sich Etappe für Etappe durch die Polarregion kämpft. Etliche Hunde sterben an Überanstrengung, viele der Männer erleiden in der eisigen Kälte Erfrierungen, doch keiner gibt auf. Niemand verliert die Motivation weiterzufahren. Jede Minute zählt für die bedrohten Menschen in Nome. 127 Stunden nachdem die kostbare Fracht auf den ersten Hundeschlitten verladen wurde, kommt Gunnar Kaasen im Morgengrauen des zweiten Februar 1925 in Nome an. Das Medikament ist unversehrt und es reicht, um die erste Welle der Epidemie einzudämmen. Die Kinder von Nome und unzählige Menschen sind gerettet. Diese denkwürdige Staffel geht als »Serum-Run« von Nome in die Geschichtsbücher ein.

Die Kraft des WOFÜR

Eine unfassbare Leistung! Kein sportlicher Wettkampf kann die unbändige Kraft freisetzen, die Sinn und gelebte Werte uns schenken. Die Männer auf dem »Serum-Run« hatten ein inneres, ein überzeugendes WOFÜR, welches ihnen half, allen Widrigkeiten zu trotzen und ihre Stärken punktgenau einzusetzen.

Zu erkennen, wofür wir etwas tun, ist entscheidend für die Bereitschaft, sich einzubringen.

Dieses Wofür ist eine Kombination aus dem, was einem zutiefst am Herzen liegt, und der Chance, seine Begabungen am richtigen Platz einbringen zu können, um damit die Welt mitzugestalten. Das Geheimnis eines inspirierenden »Wofür« liegt darin, den eigenen Beitrag zu formulieren und zugleich die Wirkung, die damit erzielt wird und die im Idealfall vielen Menschen dient. Solch ein »Wofür« stiftet Sinn. Es ermöglicht einem das Gefühl, bedeutsam, zugehörig und mit den persönlichen Fähigkeiten zur richtigen Zeit am richtigen Platz zu sein.
Ein »Wofür« zu entwickeln, ist ein Prozess, der mit innerer Entwicklung und Reflexion einhergeht. Ich betrachte es als ein gro-

ßes Privileg, Menschen in diesem Prozess zu begleiten. Eine Sinnsuche empfinde ich als Königsdisziplin des Lebens. In Seminaren in klösterlicher Umgebung nehmen wir uns in Kleingruppen viel Zeit, suchen nach dem roten Faden im jeweiligen Leben und tüfteln an Formulierungen, die die Sache auf den Punkt bringen.
Vielleicht hast du Lust, dies für dich auch auszuprobieren?

Coaching-Übung

Finde dein »Wofür«
Um einen Zugang zu deinem persönlichen »Wofür« zu finden, ist es hilfreich, in der eigenen Vergangenheit zu graben. Dies hast du mit den Übungen in diesem Buch schon mehrfach getan und es ist dir inzwischen vertraut.
Filtere deine Erinnerungen jetzt gezielt nach Momenten, in denen du dein Leben als erfüllend, befriedigend und in hohem Maße sinnvoll erlebt hast: eine frühe, sehr glückliche Kindheitserfahrung, eine Arbeit, die dir richtig Freude gemacht hat; eine Situation, in der du jemandem unmittelbar helfen konntest oder in der du beherzt gehandelt hast und stolz darauf bist, ein positives Schlüsselerlebnis in der Familie oder in einer Beziehung. Es geht um Momente, die dich im guten Sinne etwas gelehrt und dich geprägt haben.
Was war es, das dir dieses Glück geschenkt hat? Welche Begabung, welches Talent konntest du dabei entfalten? Wer hat von dieser Begabung profitiert? Verbinde dich mit den guten Erfahrungen und Geschichten und notiere dir vier bis fünf davon.
Jetzt geht es darum, mit etwas Abstand darauf zu schauen. Gelingt es dir, wiederkehrende Motive und Themen in deinen erinnerten positiven Erfahrungen zu erkennen? Häufig erkennen wir bei so einer Draufsicht Motive wie: anderen helfen, Neues entwickeln, Dinge am Laufen halten usw. Markiere ein Motiv, das dir bedeutsam erscheint. Frage dich davon ausgehend, was dein ganz persönlicher Beitrag für andere ist und

welche Wirkung dieser Beitrag hat. Du weißt ja, ein »Wofür« besteht immer aus einem Beitrag, den wir leisten, und einer Wirkung, die daraufhin zu beobachten ist. Diese Wirkung, die wir mit unserem Beitrag verfolgen, kannst du gut durch die Worte »damit« oder »um zu« einleiten.
Mein persönliches »Wofür« heißt:
Ich stärke Menschen darin, dass sie ihre Begabungen und ihr Potenzial entfalten, *damit* sie die Welt dort, wo sie sind, enkeltauglich machen.
Eine andere Variante davon ist: Ich ermutige Menschen, Leuchtkraft zu entwickeln, *um* die Welt eine Spur heller *zu* gestalten.
Trau dich, eine für dich passende Formulierung zu entwickeln, und schreibe sie dir auf. Diese muss weder perfekt noch endgültig sein. Du wirst rasch merken, wie du dadurch eine Motivation und Ausrichtung entwickelst, die dich mit großer Kraft erfüllt. Ich wünsche dir, dass du durch dieses eigene »Wofür« neue Zuversicht und Wirksamkeit erlebst.

Wo geht's denn hier bitte zum Sinn?

»Den Sinn im Leben – gibt es so etwas überhaupt? Sieht das nicht bei jedem anders aus? Ist nicht das Leben selbst der Sinn?« Solche Rückfragen bekomme ich in meinen Beratungen häufig, wenn ich auf das Thema zu sprechen komme. Ich glaube: Es gibt nicht *den* Sinn des Lebens, sondern *einen* Sinn im Leben, den zu entwickeln zugleich eine individuelle Lebensaufgabe für uns ist. Wie allerdings Sinn konkret gelebt wird, sieht tatsächlich bei jedem Menschen anders aus. Aber die Frage, was uns unser Leben als sinnerfüllt erleben lässt, ist so verschieden nicht. Tatjana Schnell, Professorin der Uni Innsbruck, widmet diesem Thema seit Jahren ihre Forschungen und hält spannende Vorträge dazu. Daher wissen wir, dass die Frage nach dem, was letztlich zählt, von immer mehr Menschen gestellt wird und dass auch im Unternehmensbereich zunehmend nach »Purpose« und »Meaning«, also nach Zweck und Bedeutsamkeit gefragt wird.

Sinn-Erleben strahlt in alle Bereiche hinein. Es hilft uns, seelisch robuster mit Krisen umzugehen, und ermöglicht es, Misserfolge zu überwinden, um hoffend wieder aufzustehen.

Diesen Sinn, diese innere Kraft zu wissen, dass wir ins Leben gerufen sind, uns für etwas einzusetzen und unsere ureigenste Aufgabe im Zusammenspiel mit anderen zu finden, diesen Sinn gilt es immer neu zu erspüren. Drei Dimensionen fördern den Forschungen zufolge insbesondere unser Sinnerleben: Bedeutsamkeit, Verbundenheit und Passgenauigkeit.

Wir Menschen sind auf einen Sinn hin angelegt. Wir wollen, dass unser Leben Bedeutung hat; dass es sich nicht nur um uns dreht, sondern dass wir Anteil an etwas Größerem haben und anderen damit dienen.

Wir wollen, dass etwas von uns bleibt, dass wir, auch wenn wir nicht bleiben können, verbunden bleiben. Du hast im vorigen Kapitel über die Bedeutung von Verbundenheit schon viel gehört. Es hängt unmittelbar mit Sinnerfahrung zusammen, wenn wir Gemeinschaft und Resonanz erleben. Die Musher des Serum-Run fühlten sich als Team, mussten sich aufeinander verlassen und waren getragen durch diesen Zusammenhalt. Sie fühlten sich durch diese große Aufgabe miteinander verbunden. Natürlich muss darüber hinaus die Passgenauigkeit stimmen. Jeder, der sich für eine Beteiligung am Serum-Run meldete, musste eine große Erfahrung und Können mit seinem Schlittenhundeteam haben.

Heute fragen wir uns danach, ob wir mit unseren Stärken arbeiten. Fast alle Aufbrüche in der Lebensmitte, von denen Menschen mir berichten, haben im Grunde etwas mit ihrer Suche nach einem tieferen Sinn in ihrem Leben zu tun.

Elixier des guten Lebens

Sinn kann weder verordnet noch eingeführt werden. Sinn kann maximal ermöglicht werden. Und Menschen, die ihn für sich finden, haben ein Elixier des Lebens. Diesem Thema gewidmet hat sich Viktor Frankl, ein österreichischer Arzt und Psychiater. Er entwickelte in den Dreißigerjahren des zwanzigsten Jahrhunderts die Logotherapie, die Lehre vom Sinn. Frankl war überzeugt: Wir Menschen haben einen unbedingten Willen zum Sinn. Nur wenn es uns gelingt, die Frage nach dem Grund unseres Daseins zu beantworten, finden wir ein erfülltes Leben.

Sinnhaftigkeit ist kein nettes Extra, sondern Kern des menschlichen Selbstbildes.

Soll unser Leben glücken, wollen wir erfüllt leben, müssen wir die Frage nach dem Sinn unseres Daseins tatsächlich beantworten können.
Ein wesentlicher Perspektivwechsel auf diesem Weg ist es, nicht nach dem zu fragen, was das Leben uns zu bieten hat, sondern diese Frage umzukehren: »Was kann ich zum Leben, also zum großen Ganzen beitragen?« Es geht darum, herauszufinden, welche Aufgabe uns das Leben stellt.
Die Antworten auf diese Frage werden höchst unterschiedlich ausfallen. Wesentlich ist, dass wir eine eigene Antwort darauf finden.
Vielleicht stimmst du mir zu, wenn ich es so formuliere: Das Elixier des Lebens zu finden, bedeutet, sich geliebt zu fühlen, die eigenen Begabungen immer mehr zu entdecken und sie dann einzusetzen, und zwar so, dass auch andere – die Natur, die Mitwelt, die Menschen – davon profitieren.
Wenn du es wagst, dein Leben auf diese Weise zu betrachten, wirst du merken, dass viele deiner Tage eine Fülle von Sinn-Möglichkeiten beinhalten. Völlig egal, ob du Krankenschwester,

Umweltaktivist oder Sozialarbeiterin bist. Es ist auch unabhängig davon, was du verdienst, in welcher Gegend du lebst und was für eine religiöse Einstellung du hast. Die zentrale Frage lautet immer: »Wie kann ich bestmöglich meinen Beitrag dort einbringen, wo ich bin, und wem diene ich damit?« Wenn du diese Perspektive hast, ist es egal, ob du die Umwelt schützt, Kinder erziehst, Tabellen und Formeln entwickelst, die Straße kehrst oder Menschen hilfst, ihr Leben wieder auf die Reihe zu bekommen. Entscheidend ist es, etwas aus den eigenen Möglichkeiten zu machen und sie sinnstiftend für die Gemeinschaft einzusetzen.

Der große Maler Picasso brachte es so auf den Punkt: »Der Sinn des Lebens besteht darin, deine Gabe zu finden. Der Zweck des Lebens ist, sie zu verschenken.«

Sinnerfüllter arbeiten, aber wie?

Vor allem jüngere Menschen fragen zunehmend danach, was sie mit ihrer Arbeit bewirken können, ob das Unternehmen einen Purpose verfolgt und ob sie dort, wo sie sind, ihre Begabungen auch wirklich einsetzen können. Manch einer der Älteren runzelt darüber die Stirn und behauptet, Arbeit sei nicht zum Vergnügen da. Doch das ist nicht nur überholt, sondern darüber hinaus sogar eine destruktive Ansicht.

Wenn jemand liebend gerne programmiert, dann wird er ziemlich sicher unglücklich, wenn er im Kundendienst mit Menschen zu tun hat. Und im Umkehrschluss wird jemand, der gerne mit Worten jongliert, aufblühen, wenn er Marketingtexte entwerfen oder Reden schreiben darf, statt Tabellen zu formatieren. Darüber haben sich die meisten von uns wenig Gedanken gemacht, als sie ins Berufsleben gestartet sind.

Viele der Aufbrüche in der Lebensmitte hängen jedoch genau hiermit zusammen. Da hat jemand jahrelang einen Job gemacht, zu dem die Eltern geraten haben, der die Familie gut ernährt hat, der sicher war. Aber eigentlich entspricht er nicht wirklich den eigenen Begabungen, wird zunehmend als leer und schal empfunden. Wenn dann die Kinder groß sind und beginnen, auf eigenen Füßen zu stehen, wenn das Haus abbezahlt ist, kommen noch einmal ganz neue Möglichkeiten auf: Wie will ich die restlichen Jahre meines Berufslebens verbringen? Besteht die Möglichkeit zu einem Neustart? Noch den Traum verwirklichen, dem ich nie nachgehen konnte?

Wer weiß, was er wirklich, wirklich will, der kann mit Hindernissen, Herausforderungen und dem unvermeidlichen Wandel viel besser umgehen.

Diese Formulierung »wissen, was ich wirklich, wirklich will« hängt eng mit der Sehnsucht zusammen, bedeutsam zu werden und mit Freude statt nur mit Disziplin oder Druck zu arbeiten. Wir verdanken diese Formulierung dem inzwischen neunzigjährigen Philosophen, Arbeitsforscher und »New-Work«-Urvater Frithjof Bergmann. Er beschäftigte sich damit, was Arbeit für den Menschen bedeutet, wie sie ihn ausfüllt, ihm das Gefühl von Sinn vermittelt und sogar glücklich macht. Als die Automatisierungswelle der Achtzigerjahre viele Menschen in die Arbeitslosigkeit zu stürzen drohte, entwickelte Bergmann einen kühnen Plan. Für ein großes Automobilunternehmen in der amerikanischen Stadt Flint stellte er ein Modell vor, in dem es darum ging, dass dort alle Arbeiter angestellt bleiben, allerdings nur sechs Monate davon aktiv in der Produktion arbeiten. Die sechs anderen Monate würden sie in einem »Zentrum für neue Arbeit« dabei begleitet, herauszufinden, was sie wirklich, wirklich wollen. Das Modell der »neuen Arbeit« wurde zum Erstaunen vieler Beobachter damals in diesem Unternehmen als Pilotprojekt akzeptiert. Bergmann erzählt gerne Geschichten des Wandels, die er begleiten konnte.

Dass sich ein Fließbandarbeiter im »New-Work-Coaching« entschied, seine Bewegungsfreude mit einem eigenen Sportstudio umzusetzen, oder dass eine Frau es schaffte, sich mit ihrer kreativen Begabung als Floristin zu etablieren. Manche konnten diese Chance nutzen, weil sie über sich selbst, ihre Motive und Möglichkeiten fantasievoll nachdachten und den Umstieg mutig wagten. Andere entschieden sich bewusst, in dem Unternehmen zu bleiben, jetzt aber mit einem beherzteren Ja zu dem, was sie arbeiten und wie sie leben wollten.

Damals wie heute sind es häufig äußere Krisen, die unsere Arbeitswelt wandeln und uns damit die Frage stellen, wie wir wirklich arbeiten und leben wollen. Doch viele Menschen scheuen die Auseinandersetzung mit diesem Thema. Forscher beschreiben dies als indifferente Lebenshaltung. Das Thema Sinn ist diesen Menschen unwichtig oder egal. Dabei ist vielfach nachgewiesen, dass Sinn gesund und leistungsfähig macht. Dies ist sogar die Essenz des Fehlzeitenreports 2018, der wichtigsten jährlichen Veröffentlichung des wissenschaftlichen Instituts der AOK zum Thema Arbeit und Gesundheit.

Wir brauchen gerade für diese komplexe Zukunft, in Unsicherheiten und mit zunehmendem Alter eine sinnerfüllte Tätigkeit, die uns erfüllt, statt auszehrt oder erschöpft. Um es mit Professor Bergmanns Worten zu sagen: Arbeit ist keine milde Krankheit, bei der man froh ist, wenn man sie freitags überstanden hat und endlich Wochenende ist, sondern sie macht uns lebendig, kreativ und wirksam. Also dürfen wir nicht nachlassen, sondern müssen uns gezielt darum bemühen oder wie bisher dranbleiben, unsere Berufung zu finden und zu leben.

Die richtigen Fragen stellen

Dafür müssen wir den Mut aufbringen, uns nicht nur zu Beginn eines Studiums oder einer Ausbildung, sondern auch in der Mitte unseres Lebens Fragen zu stellen. Und zwar die richtigen

Fragen. Solche, die dazu führen, dass wir unsere Arbeit, immerhin ein wesentlicher Teil unseres gesamten Lebens, als sinnhaft empfinden.
Auch wenn dir das vielleicht überflüssig vorkommt, bitte ich dich, zu fragen: »Was kann ich? Was geht mir leicht von der Hand? Wobei leuchten meine Augen und fühle ich mich richtig in meinem Element?« Denn du musst deine Begabungen und Fähigkeiten sehr gut kennen, willst du sie passgenau einbringen. Und das, was wir gut können, verändert sich mit den Jahren. So eine Sinnsuche ist Luxus und Last zugleich. Niemand wird dich dazu auffordern. Du bist es dir selbst wert!
Deshalb nimm dir dafür immer wieder einmal bewusst Zeit und reflektiere, ob du mit dem, womit du begabt bist, am richtigen Platz wirksam wirst. Oder was du tun kannst, um diesen Platz mehr als bisher einzunehmen. Als ich bei solch einer Standortbestimmung bemerkte, dass die Arbeit nicht mehr dem entsprach, was ich wirklich, wirklich gerne tue, und mir das selbst eingestand, dauerte es nicht lange, bis ich auf eine Stelle aufmerksam wurde, die wesentlich besser zu mir passte. Als der Wechsel dann noch ganz unkompliziert möglich wurde, habe ich das als Berufung betrachtet. Ich konnte so beherzt und beweglich agieren, weil ich aus meiner Praxis heraus weiß, dass Sinnerfahrung mit Zuversicht, Lebensmut und einem unerhörten Kraftzuwachs einhergeht.
Eine beeindruckende Studie des amerikanischen Psychologen Adam Grant macht das deutlich. Er teilte die Mitarbeitenden eines Callcenters einer Universität in drei Gruppen ein. Alle hatten die gleiche Aufgabe: am Telefon Spenden für die Universität zu erbitten.
Die erste Gruppe arbeitete einfach drauflos. Die zweite Gruppe bekam Briefe zu lesen, in denen Ehemalige beschrieben, wie sie durch die finanzielle Unterstützung der Uni erheblich vorangekommen waren in ihrer beruflichen Laufbahn. Die dritte Gruppe bekam vorab Dankesbriefe zu lesen, in denen Absolventen berichteten, dass sie durch das Stipendium der Uni, das mit den Geldern der Spender finanziert wird, einen Abschluss

machen konnten, eine gute Anstellung bekommen hatten und nun ihre Familie ernähren können.
Es ist nicht verwunderlich, dass die dritte Gruppe besonders motiviert arbeitete. Dass sie allerdings dreimal so viele Spenden wie die anderen beiden Gruppen einwerben konnten, überraschte die Forscher dann doch.
Also es beflügelt ungemein, wenn wir wissen, warum wir etwas tun und ob die eigene Tätigkeit für andere wesentlich ist. Eine Reinigungskraft im Krankenhaus, der bewusst ist, dass ihre Arbeit den hygienischen Standard erhöht und Kranke dadurch weniger gefährdet sind, wird ebenso sinnerfüllt und damit kraftvoll arbeiten wie die Notärztin, die durch ihre Arbeit Menschen das Leben rettet.

Aufwachen zu neuer Lebendigkeit

Vielleicht hat auch dich die Zeit der Pandemie gehörig verunsichert, dir den Frieden und die innere Ruhe geraubt. Als ich in den letzten Februartagen des Jahres 2020 ein ausgebuchtes, intensives und sehr gelungenes Sinn-Seminar beendete, konnte niemand wissen, dass es für sehr lange Zeit das letzte Seminar war, was ich halten durfte. Veranstaltungsorte und natürlich auch die Klöster und Retreat-Häuser wurden geschlossen. Die Pandemie kam mir gehörig in die Quere und sie durchkreuzte alle beruflichen Pläne, die ich hatte.
Es fällt schwer, einen Sinn darin zu finden, und wir alle sehnen uns danach, aufzuwachen zu einer neuen Lebendigkeit. Wir haben Erfahrungen gemacht, die sich keiner freiwillig ausgesucht hätte.
Doch es gab auch Menschen, denen es gelang, das »Dennoch«, die Dankbarkeit und den Zukunftsmut gerade in dieser frustrierenden Zeit groß zu machen. Einer dieser Menschen, an denen ich mich bewusst orientiert habe, ist David Steindl-Rast, benediktinischer Mönch, Autor und spiritueller Lehrer. Er vergleicht uns mit Schlafwandlern, die durch ihr Leben gehen und das An-

genehme als selbstverständlich hinnehmen, während sie Probleme beklagen.
Seine Botschaft: Wacht endlich auf aus diesem stumpfen Dahinleben! Bemerkt, dass das Leben selbst das wertvollste Geschenk ist, ein Geschenk, das uns völlig unverdient täglich neu und verschwenderisch zuteilwird.
Diese Worte sind für mich die Einladung, mehr zu danken als zu jammern. Ich nenne es einen Lebensstil der Dankbarkeit. Lebensstil?
Ja, denn du und ich, wir alle können uns bewusst entscheiden, das eigene Leben unter das Vorzeichen der Dankbarkeit zu stellen.

Es liegt bei uns, ob wir uns darauf ausrichten, die Gelegenheiten im Leben zu bemerken.

Und es gibt so viel, wofür es sich lohnt, dankbar zu sein: das Blühen der Bäume im Frühling, der Anruf von Freunden, der freie Sitzplatz in der S-Bahn, der freundliche Gruß hinter der Maske, die Zuverlässigkeit der Kollegin, der Sonnenuntergang am Abend oder der funktionierende Kaffeeautomat. Wer es lernt, diese Dinge staunend, froh und achtsam wahrzunehmen, der schafft sich eine Art seelischen Immunbooster. Ich erlebe es als eine innere Quelle, aus der ich in Zeiten der Trockenheit immer noch frisches Wasser schöpfen kann.

Arbeiten von Professor Robert Emmons, einem Spezialisten im Bereich der Dankbarkeitsforschung, zeigen, dass Menschen, die Dankbarkeitstagebücher führen, weniger gestresst als Vergleichsgruppen waren. Darüber hinaus fühlten sie sich zuversichtlicher, waren mit ihrer Situation zufriedener und hilfsbereiter zu anderen. Ich kann diese Wirkung selbst bestätigen und empfehle dir, ein kleines Notizbuch zu führen, in dem du täglich drei bis fünf Momente aufschreibst, in denen du dankbar, zufrieden oder glücklich warst. Viele meiner Coachingklienten sind schon diesem Rat gefolgt und alle teilen die Beobachtung, dass es ihre Lebensfreude multipliziert. Wenn du es lernst, deinen Alltag auf solche Weise, mit einer Haltung der Dankbarkeit zu beobachten, wirst du verwundert bemerken, wie viel Gutes plötzlich zu entdecken ist. Und diese Erfahrung wünsche ich dir von Herzen, denn du wirst dein Leben dadurch als sinn- und freudvoller erleben.

Herausfordernd sind ohne Zweifel die dunklen Tage. Die Momente, in denen wir uns kraftlos, gekränkt, verletzt fühlen. Lebenszeiten, in denen wir unmittelbar mit Leid konfrontiert sind und uns Angst oder Trauer förmlich von allem trennen, was das Leben schön macht. Ich bin häufig auf der Intensivstation der Uniklinik, aber auch in der Tumorstation als Seelsorgerin dabei, wenn Menschen um ihr Leben ringen und Patienten oder Angehörige sich sorgen und ihr eigenes Leben infrage stellen.

Doch so schwer es auch ist, ich erlebe gerade dort immer wieder große menschliche Nähe, Trost, Beistand und auch Zuversicht. Dann spüre ich, dass uns Krisen im Leben die Gelegenheit geben, unser Wissen in Erfahrungen zu wandeln und unser »spirituelles Rückgrat« zu trainieren. Denn auch wenn uns die »Verpackung« nicht gefällt, bieten uns die schweren Zeiten im Leben doch das Geschenk der Gelegenheit.

Zum Beispiel die Gelegenheit, innerlich zu reifen, geduldig zu werden, sich klarer auszudrücken, zu vergeben, sich zu beten trauen, zu klagen, zu protestieren oder auch sich anzuvertrauen und anzunehmen.

Den »Mist« des Lebens als »Dünger« zu verstehen, heißt, in allem die Gelegenheit von innerem Wachstum zu erwarten.

Ich erkenne immer mehr, dass die Weisheit darin besteht, das Leben selbst mit seinen Veränderungen, Brüchen und Tiefen,

aber auch mit Erfolgen, Entwicklungen und Wachstum bewusst wahrzunehmen und anzunehmen.
Vielleicht magst du an dieser Stelle noch einmal kurz innehalten und dir bewusst machen, wofür du jetzt in diesem Moment dankbar sein kannst? Du bist schon weit in deinem Leben gekommen und du hast die Gelegenheit genutzt, dieses Buch zu lesen, um deinem Leben mehr Tiefe und Weite zu geben. Kannst du spüren, wie kostbar das ist?
Geben wir also unserem Gehirn Freudenfutter, indem wir aus unseren guten Erinnerungen schöpfen und uns darauf freuen, was auch künftig Gutes auf uns wartet.

Hoffend leben

Du hast in diesem Kapitel erfahren, wie bedeutsam es ist, wenn wir die Frage nach dem Sinn in unserem Leben wieder und wieder stellen. Und wie wichtig es ist, mit dem eigenen Leben eine Antwort darauf zu geben.

Doch es reicht nicht, die Dinge nur zu wissen. Wir müssen sie auch tun. Also sei dir selbst treu. Folge dem, worauf es für dich ankommt. Lass dich nicht verunsichern oder abhalten, sondern wage zuversichtlich, was du erreichen möchtest. Nur so wirst du leben, ohne dass du am Ende deiner Tage bedauernd sagen musst: Hätte ich doch nur ...
Niemand kann seine Vergangenheit ändern. Aber wir können das Jetzt so gestalten, dass wir morgen auf ein gutes Gestern zurückschauen.
Und jetzt ist es an dir, zu entscheiden, welche Impulse du aus diesem Buch aufnehmen willst und welche nicht. Mein Wunsch ist es, dass du mutig aufbrichst. Aufbrüche kommen nicht plötzlich, auch wenn es von außen betrachtet so aussieht. Sie haben eine Vorgeschichte. Jede Blüte, die wir im Frühjahr bewundern, sie kündigt sich im Verborgenen an, reift zur Knospe und bricht dann sichtbar auf.

Und auch Aufbrüche in unserem Leben beginnen unscheinbar. Sie entstehen durch den Wandel in deinem Bewusstsein und in deiner Haltung. Sich selbst zu entwickeln, braucht seine ureigenste Zeit. Nimm sie dir.
Nur durch diesen Bewusstseinswandel vergrößert sich der Raum der inneren Freiheit und mit ihm der eigene Handlungsspielraum. Glaub mir, Neues, vorher nicht Denkbares wird möglich, wenn du den Fuß über die Schwelle setzt.
Die Schwelle ist der Punkt, an dem du Vertrautes überschreitest, dich den Fragen nach dem Wofür, der Bedeutsamkeit, den Werten und der Verbundenheit aussetzt und es wagst, dem Sinn zu folgen, den du für dich gefunden hast.
Jetzt jedenfalls bist du vorbereitet.
Es ist kein Wagnis mehr, durchzustarten und aufzubrechen, sondern eine Kunst, die du beherrschst. Jetzt: in der Mitte deines Lebens. Und dann zeig dich und bring deine Erfahrungen, deine Lebendigkeit, deine Einzigartigkeit ein in deine Welt.
Werde Teil einer »Verschwörung der Hoffenden«, die diese Welt eine Spur heller hinterlässt.
Ich lade dich dazu ein, denn:

Ich habe Hoffnung für unsere Zukunft –
nicht, weil es uns immer gut geht,
sondern weil wir uns entscheiden können,
das Gute zu sehen und dankbar anzunehmen.

Wir wissen nicht, was uns morgen begegnet
an Ängsten, Sorgen, Enttäuschungen oder Verlusten,
doch ich weiß, dass auch das LEBEN ist.
Und dass die Kraft in uns gelegt ist,
die Welt um uns
zu wandeln,
indem wir die Welt in uns wandeln.

Ich habe die Hoffnung, dass es genügt,
Schritt für Schritt zu gehen,
in dem Wissen, dass es eine Weisheit gibt, die das Ganze sieht,
wo wir nur Bruchstücke wahrnehmen
und uns sehnen nach dem Sinn,
der uns Brotzeit ist auf dem Weg unseres Lebens.
Ich habe Hoffnung und ich lade dich dazu ein,
diese Hoffnung zu teilen, indem wir uns entscheiden:

zu vertrauen,
zu glauben,
zu lieben,
zu leben!

Epilog – Aufbruch

Die Paddel tauchen gleichmäßig ein, ziehen kraftvoll durchs Wasser und lassen das Kanu durch den See gleiten. In der Ferne scheint der See zu enden, doch es ist eine optische Täuschung. In dieser Bucht, wo die schneebedeckten Berge hoch aufragen und der Wald direkt bis ans steinige Seeufer herunterreicht, markiert ein kahler Baum den Eingang zum Flussdelta. Der schmale Fluss führt in zahlreichen Windungen durchs Schilf hinüber in den nächsten See. Schon von Weitem sehe ich den Weißkopfseeadler majestätisch auf dem silbergrauen Baumstamm sitzen. Als würde er den Eingang zu einer geheimnisvollen Welt bewachen. Wie passend!

Einmal mehr in meinem Leben bin ich gemeinsam mit meinem Mann in der unendlichen Weite der Cariboo Mountains im Westen Kanadas unterwegs. Ich kann mir keine bessere Umgebung vorstellen für meine Suche nach Ausrichtung, Orientierung, Ermutigung. Ich suche Klarheit, ob ich für den Aufbruch in der Mitte meines Lebens bereit bin, und ich bin offen dafür, Zeichen wahrzunehmen. Ob ich sie deuten kann, wird sich zeigen.

Wir werden schlichte Lagerplätze ansteuern, an denen wir abends ein Feuer entzünden und verweilen. In drei Tagen geht es zurück, ob mit oder ohne Erkenntnis, denn sonst werden uns die Ranger suchen, bei denen wir uns zuvor gemeldet haben. Was wir zum Leben brauchen, ist im Boot: Essen, Zelt, Isomatten und Schlafsäcke und eine große Erwartung. Was wird sich mir zeigen? Was werde ich finden?

Der Adler sitzt hier, als hätte er auf mich gewartet. »Was für ein Auftakt«, denke ich und paddle kraftvoll weiter, damit uns die Strömung des Flusses nicht zurücktreibt.

Die Strecke zieht sich. Windung um Windung folgen wir dem Fluss durch das hellgrüne Schilf. Es ist wie im Labyrinth. Du weißt nicht, was nach der nächsten Kurve kommt, du weißt nur, du musst dranbleiben, willst du weiterkommen. Hätte ich gewusst, was nach der nächsten Kurve kommt, ich wäre nicht so entspannt gewesen, denn unverhofft liegt eine Elchkuh nur wenige Meter von uns entfernt im Schilf des Ufers und neben ihr

das Junge. Ich bin hellwach, aber zugleich fasziniert von dieser besonderen Begegnung. Das mächtige Tier und ich, wir halten Augenkontakt, sind verbunden, während das Kanu vorbeigleitet. Respektvoll geben wir einander Raum. Ehrfürchtig speichere ich diesen kostbaren Moment tief in mir.
Die nächsten Tage sind still und schön. Wir sitzen am Feuer, essen, schwimmen und schauen den Wolken zu. Mehr gibt es nicht zu tun. Doch mitten in der nächsten Nacht wachen wir zeitgleich auf. Ein noch nie gehörtes, lang gezogenes Heulen hat uns geweckt. Wölfe! Schon lange wünschte ich mir, diese Tiere in der Wildnis selbst hören zu können. Und jetzt, völlig unverhofft, ist es so weit. Weitere Stimmen fallen in den Chor ein. Das melodiöse Heulen schallt von den Berghängen und ist in der Stille weit zu hören. Als wir uns aus dem Zelt schälen, steht der Vollmond orangerot tief am Horizont. Sein Licht spiegelt sich im See.
Wir stehen, staunen, fühlen uns reich beschenkt. Einmal mehr wird mir bewusst, dass vieles im Leben ein Geschenk ist, wir können es nicht erzwingen oder machen. Es geht darum, solche Geschenke zu beachten und sie dankbar anzunehmen, da, wo sie uns begegnen.

Wir müssen das Glück bemerken,
damit es sich einnistet in unserem Leben.

Die zweite Nacht ist ebenso eindrücklich, nur weniger romantisch. Diesmal weckt uns ein lautes Schnauben, Stampfen und Prusten im Wasser direkt neben unserem Kanu, nur wenige Meter vor dem Zelt. Wir wissen sofort, was das sein muss – der Elch. In der Abenddämmerung haben wir ihn am gegenüberliegenden Ufer noch beobachtet, froh, dass er sich die andere Seeseite für seine Suche nach schmackhaften Wasserpflanzen ausgesucht hatte. Er muss den See durchschwommen haben. Und jetzt? Ich denke an die Berichte von tonnenschweren Elchen, die viel Unheil an Booten und Zelten anrichten können. Von uns mal ganz zu schweigen. Zitternd lausche ich den Geräuschen, als plötzlich Stille eintritt. Und genau die macht das Ganze so unangenehm, denn jetzt beginnt das Kopfkino. Wo ist der Kerl? Steht er direkt vor dem Zelt, bereit loszulegen, oder ist er längst weitergezogen? Mein Herz rast und es klopft so laut, dass ich glaube, der Elch müsse es hören. Ich mache es kurz: Diese Nacht war wenig erholsam. Wir lagen noch lange wach, bereit, aus dem Zelt zu springen, und ich habe mich gefragt, ob ich aus dieser Erfahrung auch etwas lernen kann. Ich konnte.

Es ist die Erkenntnis, dass sich nicht alles planen, klären, absichern lässt. Es ist notwendig, zu vertrauen, loszulassen, abzugeben. Ich werde mit Begrenzungen leben müssen. Und das macht frei von Selbstüberschätzung. Ich kann zwar mein Bestes geben, aber ich habe nicht in der Hand, ob das genügt. Es geht eben nicht unbeschwert, sondern über die Steine zu den Sternen. Mir bleibt die Erleichterung, dass es weitergeht.

Der Rückweg ist anstrengend. Dieser See ist länger als gedacht. Die Kilometer ziehen sich. Hoch über uns schreit ein Adler. Der helle Ruf ist mir inzwischen vertraut. Sein weißer Kopf und die markanten Schwanzfedern sind weithin zu sehen. Die Flügel weit gespannt, zieht er gelassen seine Kreise. Es sieht mühelos aus. Genau diese Kraft, getragen vom Aufwind, die wünsche ich mir zutiefst.

»Wer mit Flügeln geboren ist, sollte alles daransetzen, sie zum Fliegen zu benutzen«, kommt mir in den Sinn. Und ich frage mich, ob ich darauf vertrauen kann, mit Flügeln ausgestattet zu sein? Soll ich meine Flügel im Leben ausbreiten? Kann ich mich hinauswagen, auch wenn ich längst die Lebensmitte erreicht habe? Gibt es noch genug Thermik oder überschätze ich mich und riskiere den Absturz?

Der Adler ist meinen Blicken entschwunden. Ich schaue zu den Gebirgsketten, die sich am See entlangziehen. Ich brauche für meine Ausrichtung ein besonderes Wegzeichen, eines, das eindeutig ist. Schwarz auf weiß geschrieben! Zugleich kommt mir

dieser Gedanke vermessen vor. Gut, dass ich ihn für mich behalte. Doch da geschieht etwas Merkwürdiges.
Aus einer Bucht kommt genau in diesem Moment ein knallgelbes Kanu gefahren. Es ist das erste und das einzige Boot, das uns auf unserer Tour begegnet, und es kommt unmittelbar auf uns zu. Zwei Personen sitzen in dem Kanu. Und als sie unsere Route kreuzen, fragen sie uns nach dem nächsten Lagerplatz. Ich höre nicht darauf, was sie fragen und was Olaf ihnen antwortet, denn wie hypnotisiert schaue ich auf die Breitseite des Bootes. In dicken, schwarzen Buchstaben steht dort: »You can do it! Love it. Do it.«
Hier ist mein Zeichen! Schwarz auf gelb.
You can do it!
Love it.
Do it.
Es gibt kein Zögern mehr. Ich werde aufbrechen, mich auf meinen Weg machen, Neues wagen in der Mitte des Lebens: achtsam, dankbar, mutig und vertrauend.
Und du?

Danke

zu sagen, ist mir ein großes Anliegen. An diesem Buch habe ich beinahe drei Jahre gearbeitet. Und diese ganze Zeit war mir mein Mann das beste, kritischste und einfühlsamste Gegenüber. Danke, Olaf, für deine Nähe und das leckere Essen, mit dem du mich beim Schreiben verwöhnt hast. Danke für zahlreiche Feuer, die du geschürt hast, die wir philosophierend geteilt haben und an denen ich neue Inspiration fand.

Danke dir, liebe Leserin und lieber Leser – du sorgst dafür, dass es Freude macht, zu schreiben und Leben miteinander zu teilen.

Danke auch allen Coaching- und Kursteilnehmenden, die dazu beitragen, dass ich in diesem Buch authentische Beispiele einbauen und mit den Coaching-Übungen praxiserprobte Tools weitergeben kann.

Danke meinen wundervollen Kindern und Schwiegerkindern: Janine, Nicolas, Florian, Johanna, Nora – ihr wart mir Unterstützung, Inspiration und habt mir fachlichen Input ermöglicht. Danke Lina und Lasse – ihr habt mich durch eure fröhliche Lebendigkeit aus jeder Schreibblockade befreit und ich schreibe dieses Buch, damit es viele kraftvolle Menschen gibt, die dafür sorgen, dass ihr eine Zukunft auf dieser Welt habt.

Danke an Freundinnen und Freunde, die jederzeit bereitwillig mit ihren Erfahrungen dazu beigetragen haben, dass ich dicht am wirklichen Leben blieb und nicht in fachspezifische Höhen abgedriftet bin. Ihr seid ein Schatz in meinem Leben.

Danke für wundervolle Orte zum Schreiben – Maria Hilf im Montafon, der Schlegelhof in Kirchzarten, das Amrai in

Schruns –, vor allem aber der wundervolle Tiny-Coaching-Wagen, der mitten im Garten steht und in dem das Feuer im Ofen knistert, während die Sonne auf den Schreibtisch fällt. Hier wird mir deutlich, was wesentlich ist.

Danke dem Patmos-Verlag, Frau Claudia Lueg und Frau Anja Hager, die trotz Turbulenzen und Pandemie an mich als Autorin und an die Relevanz des Themas geglaubt haben.

Und letztlich danke ich Gott für dieses einzigartige Leben, für die Möglichkeit zu schreiben und für die Gelegenheiten, durch die ich reifen und wachsen darf.